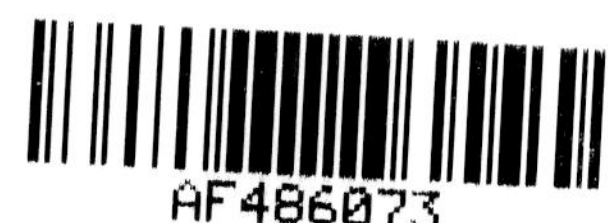

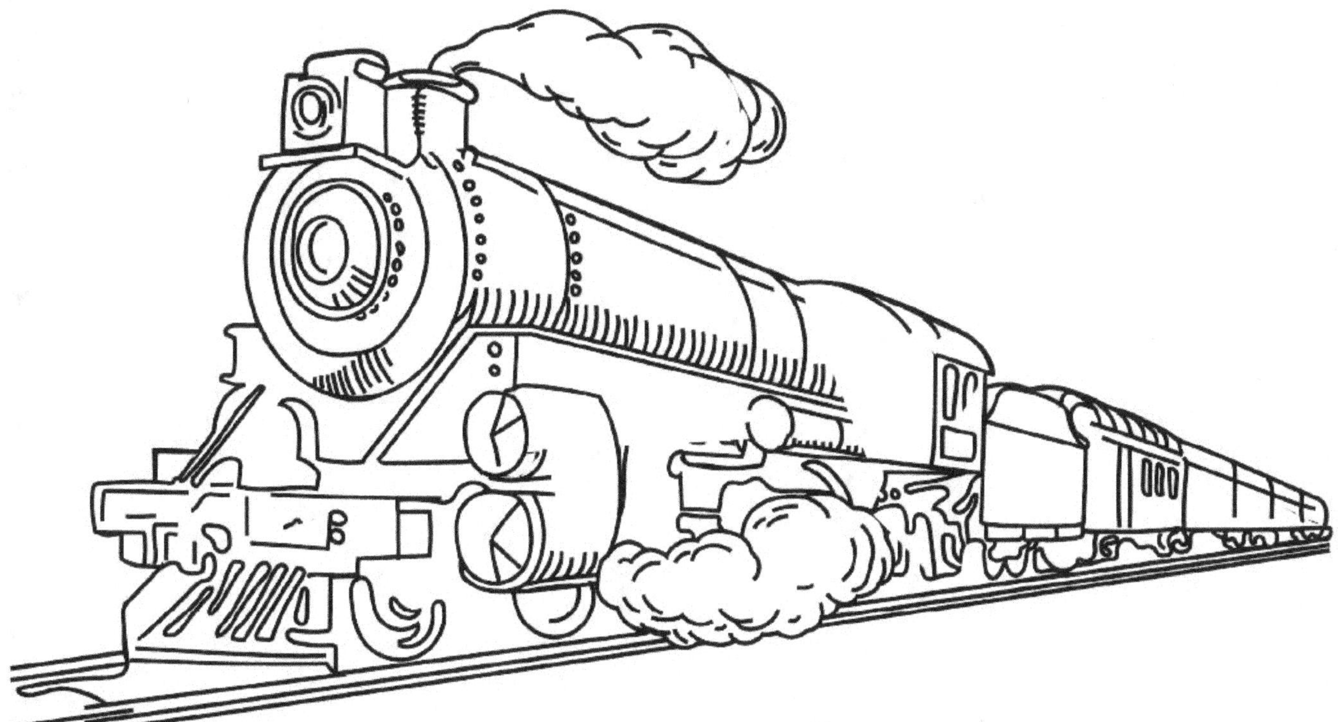

TRAINS
LIVRE DE COLORIAGE

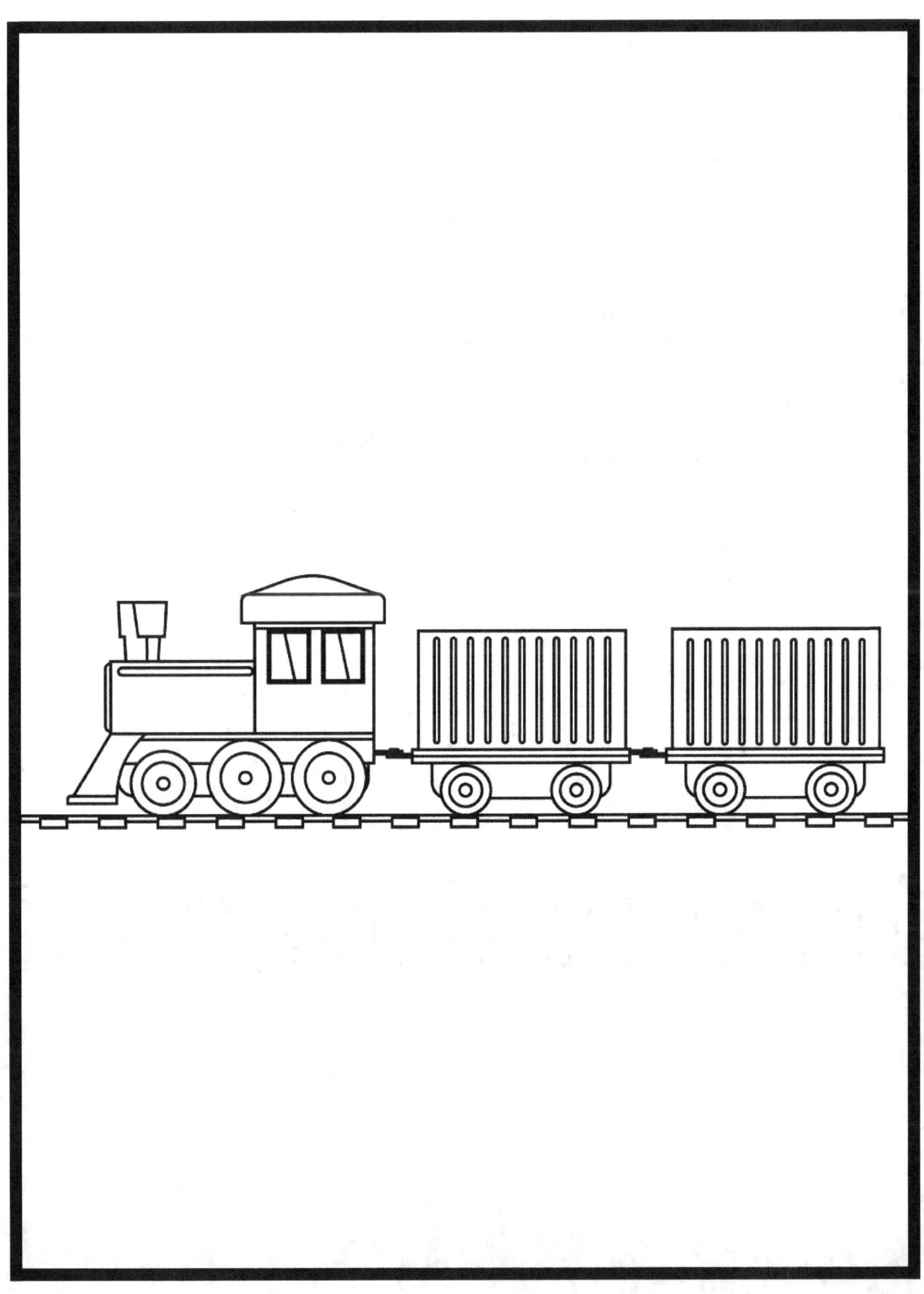

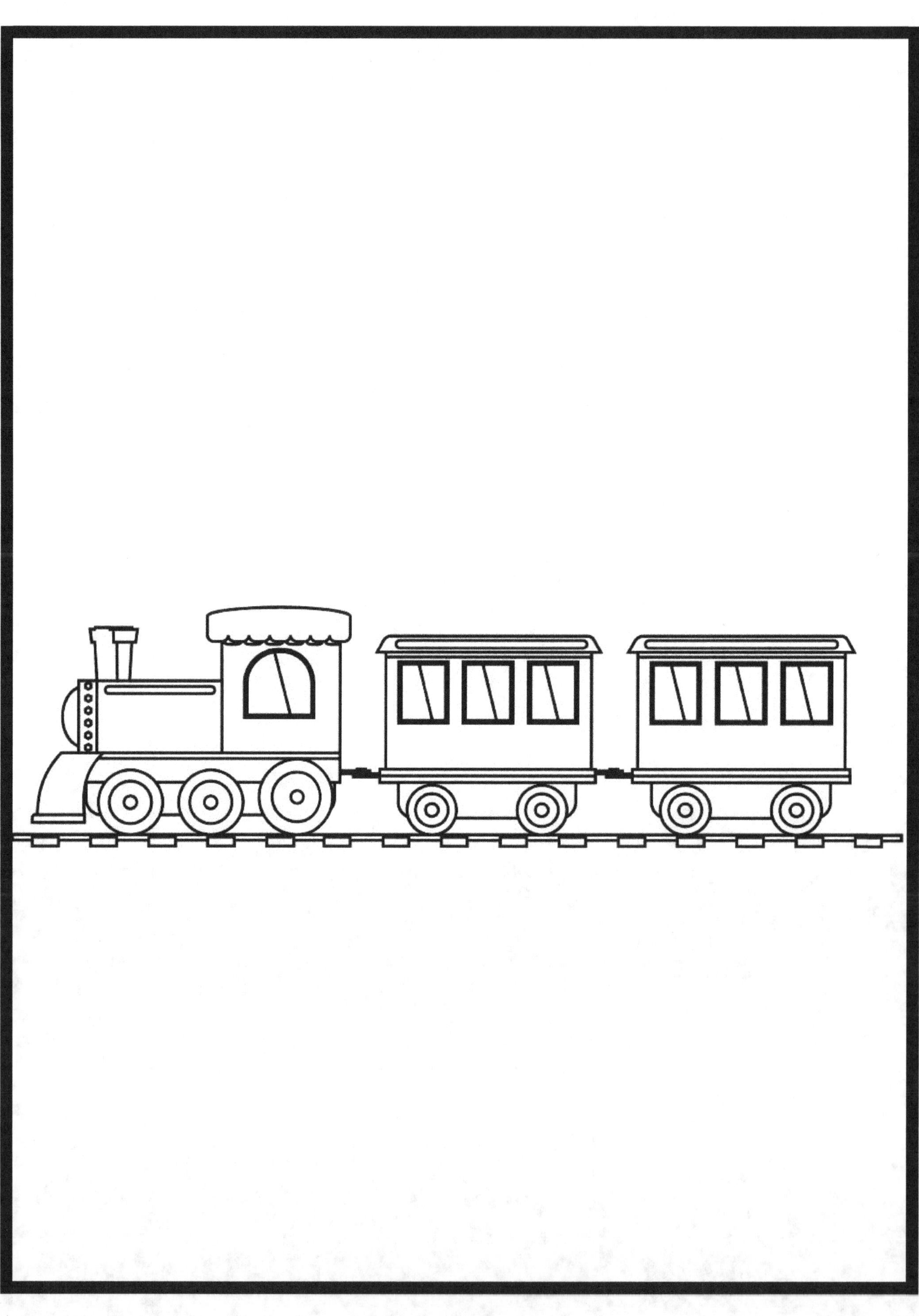

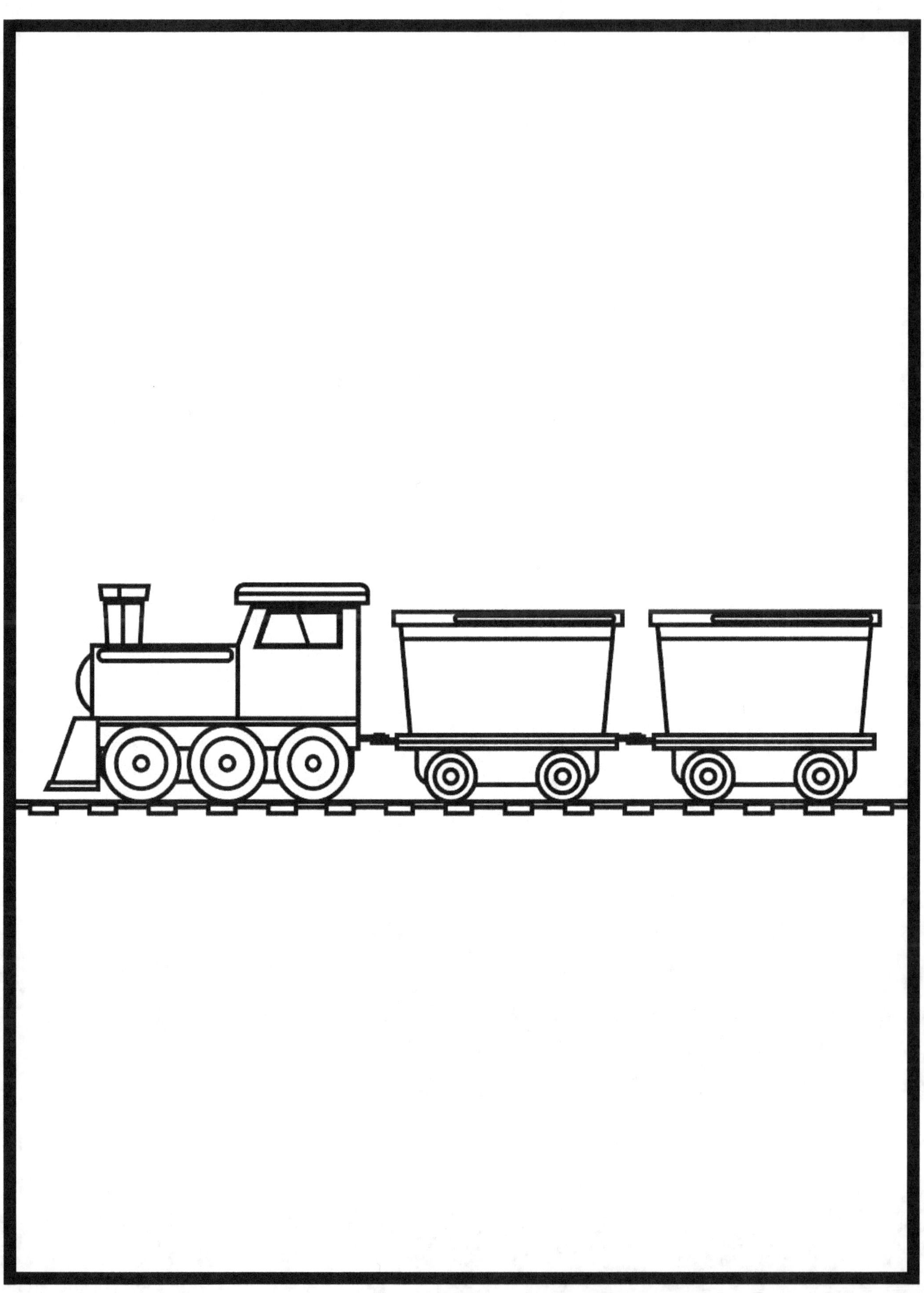

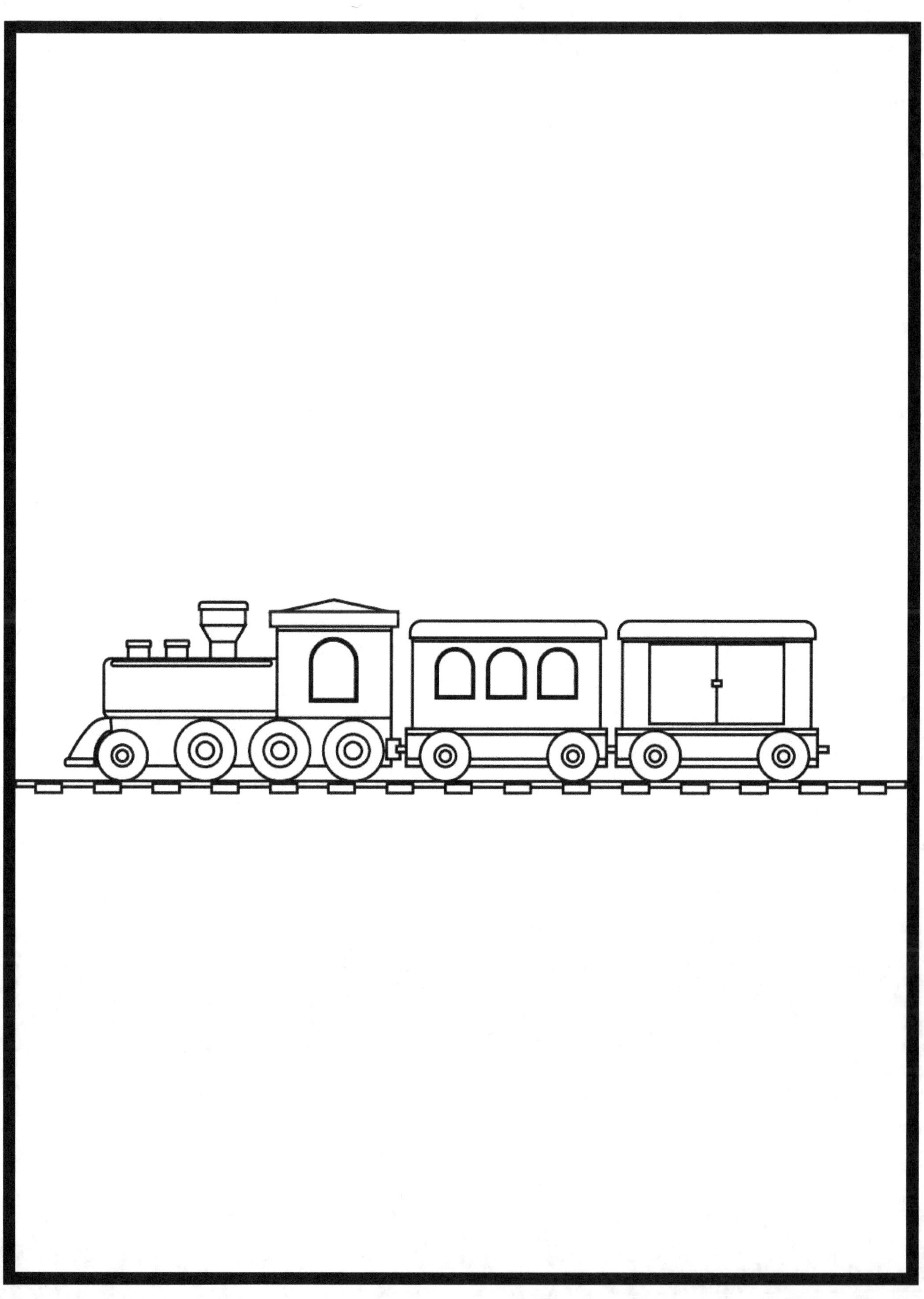

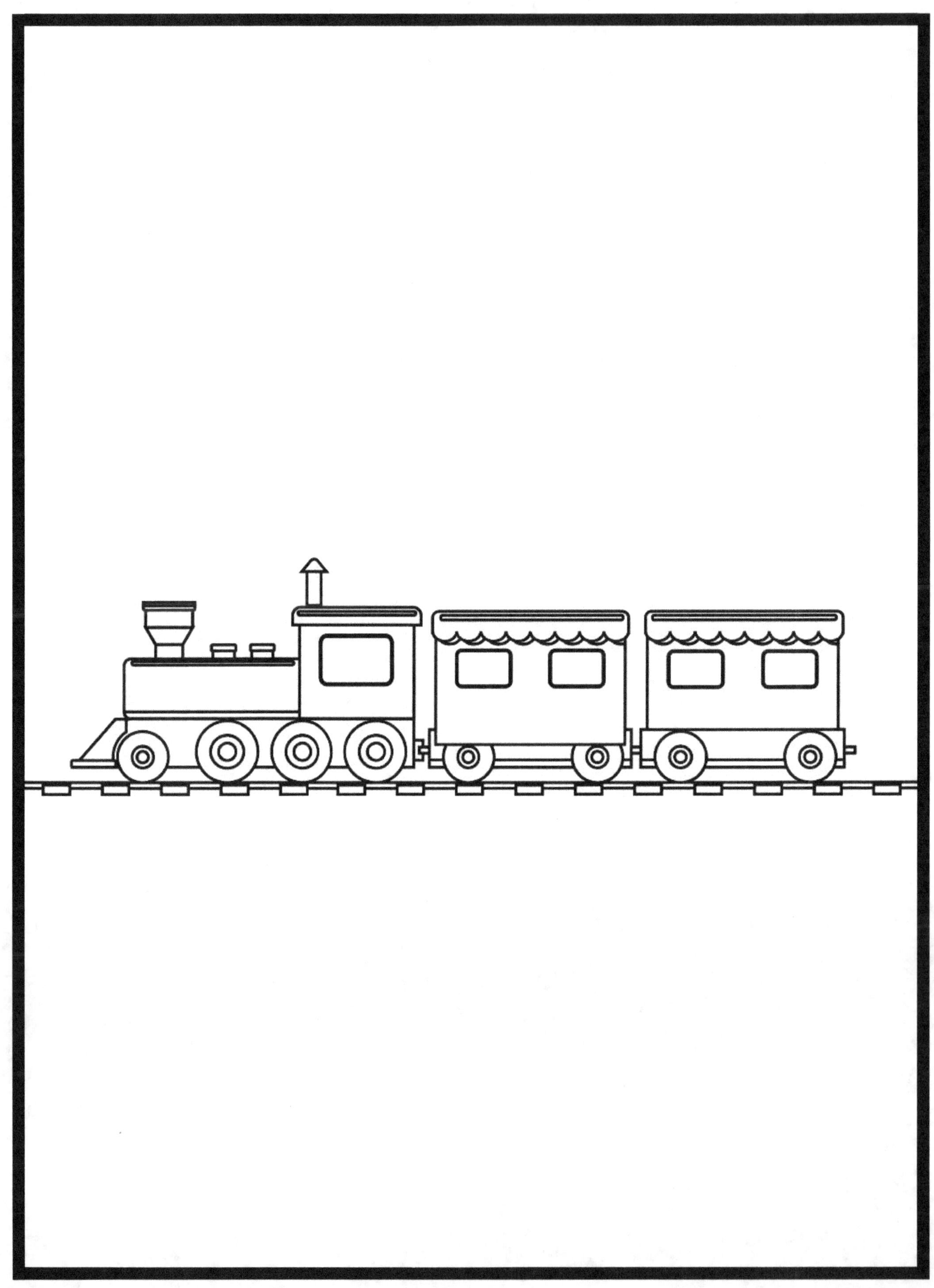

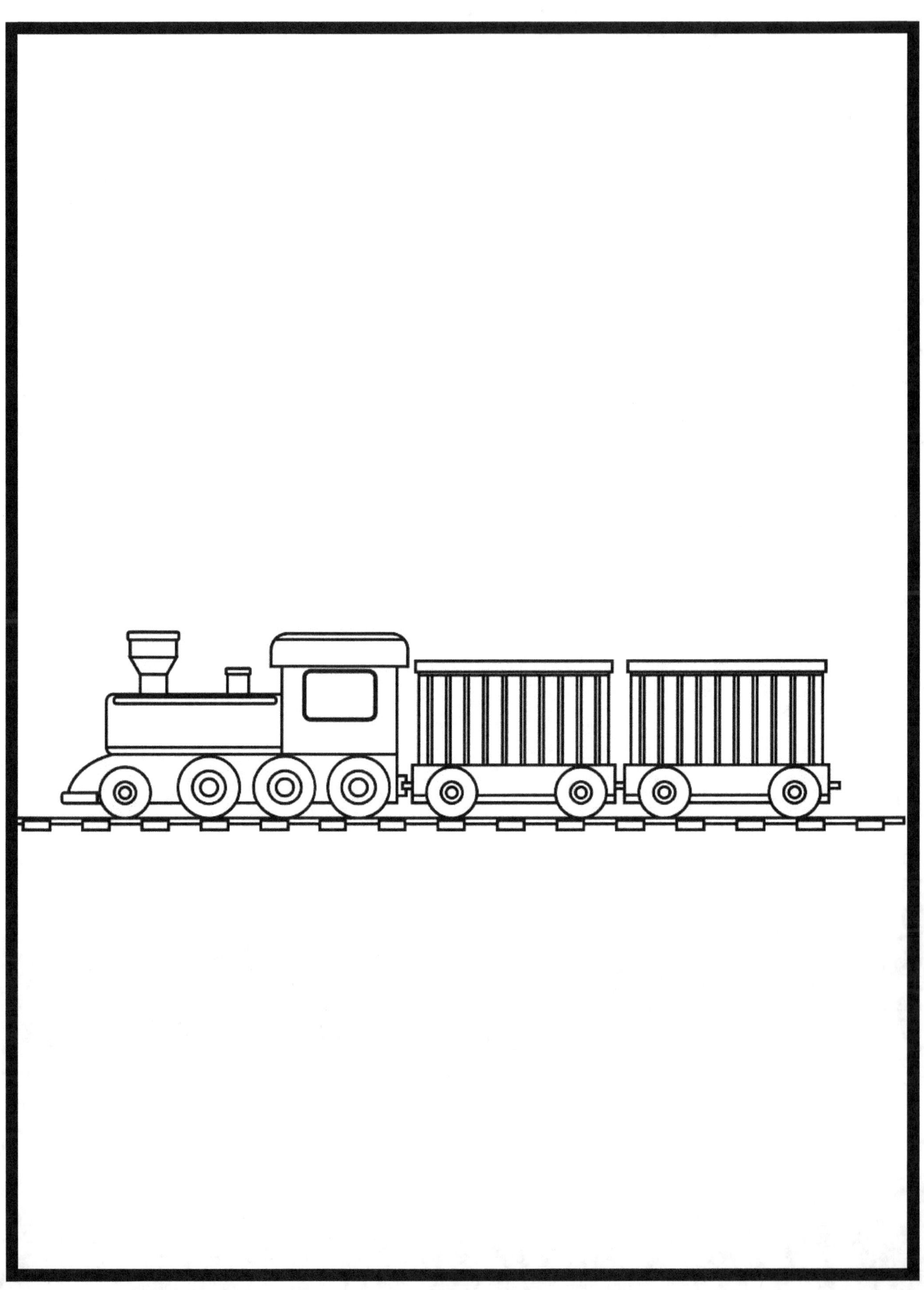

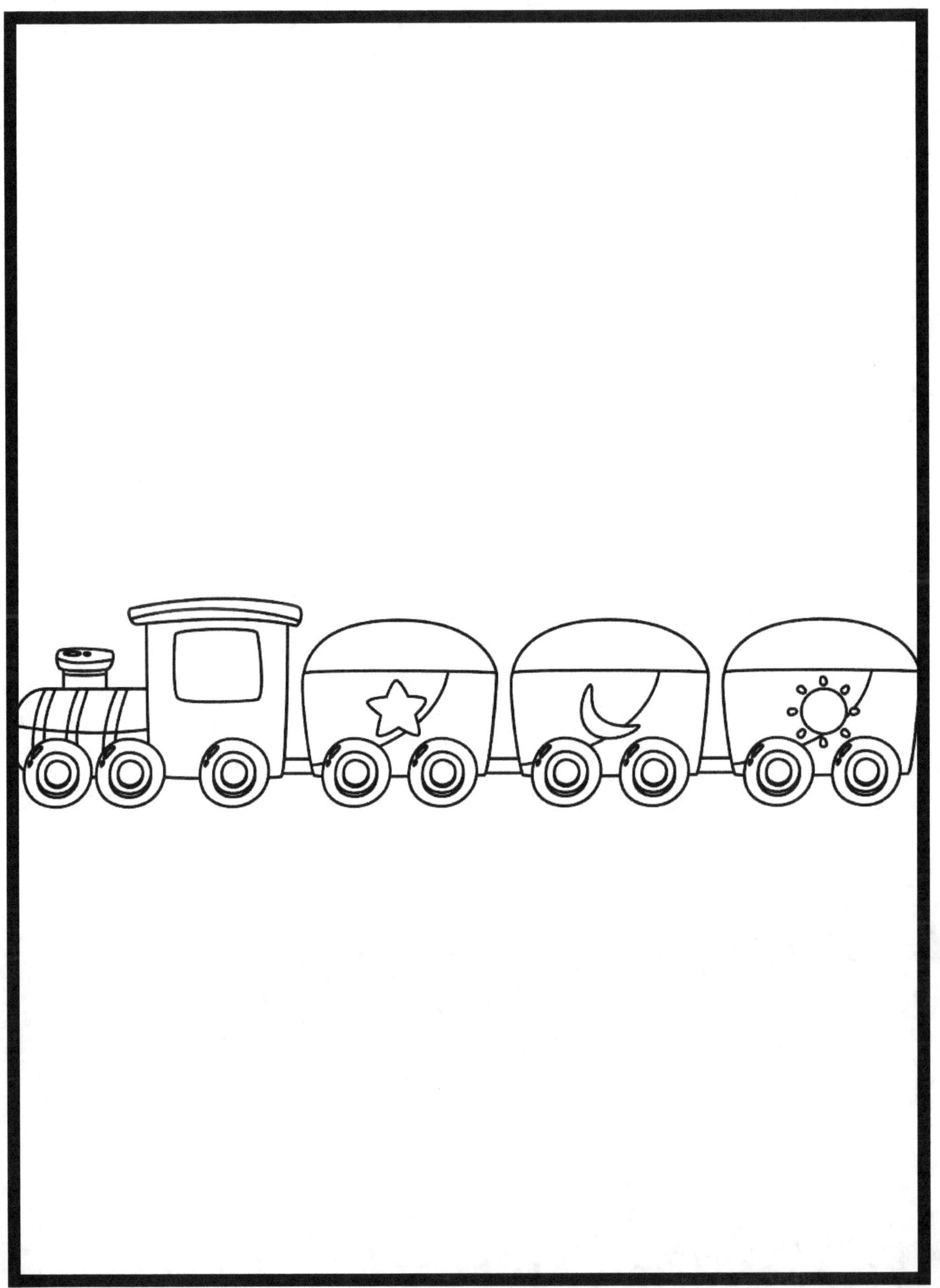

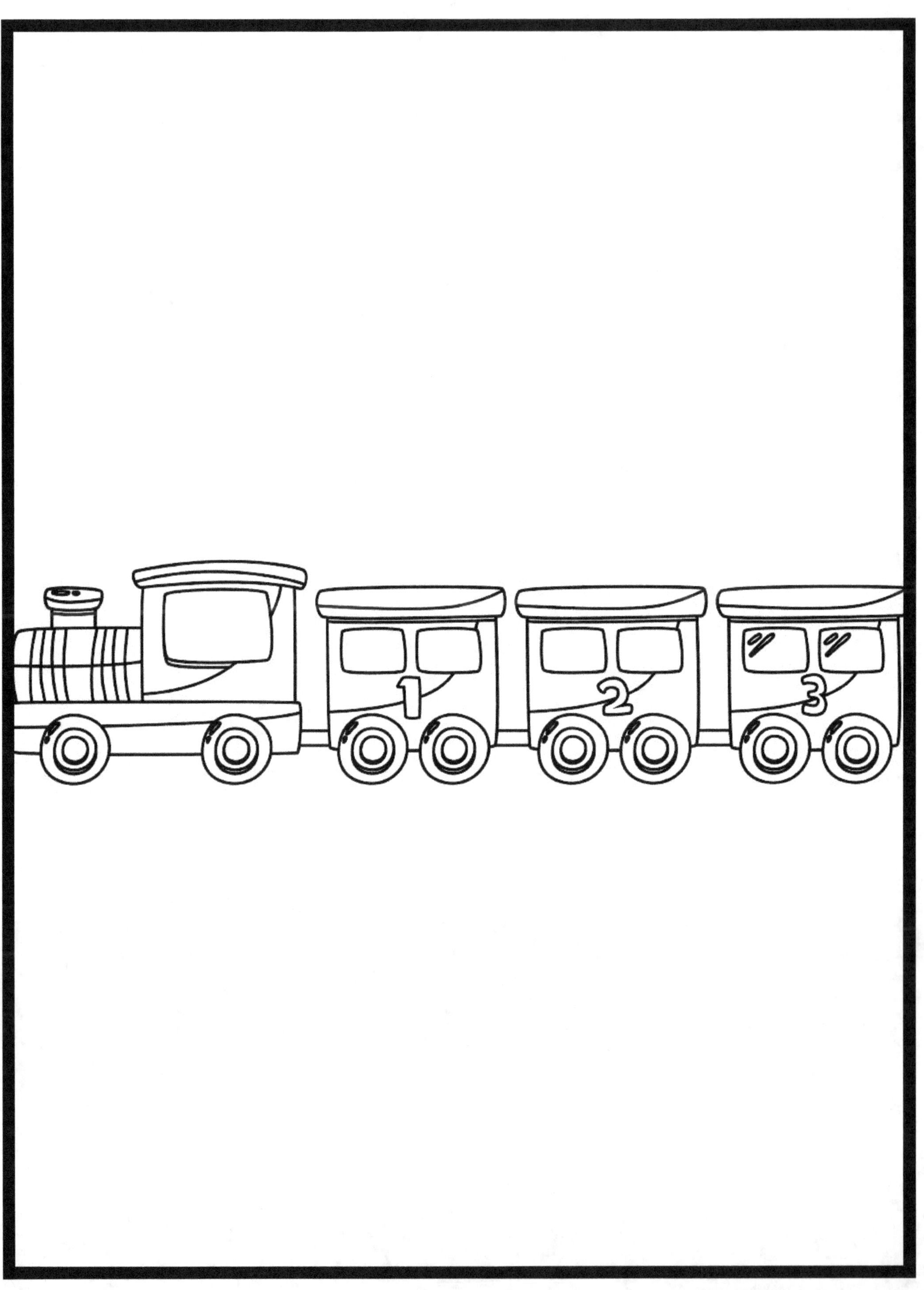

1
2
3

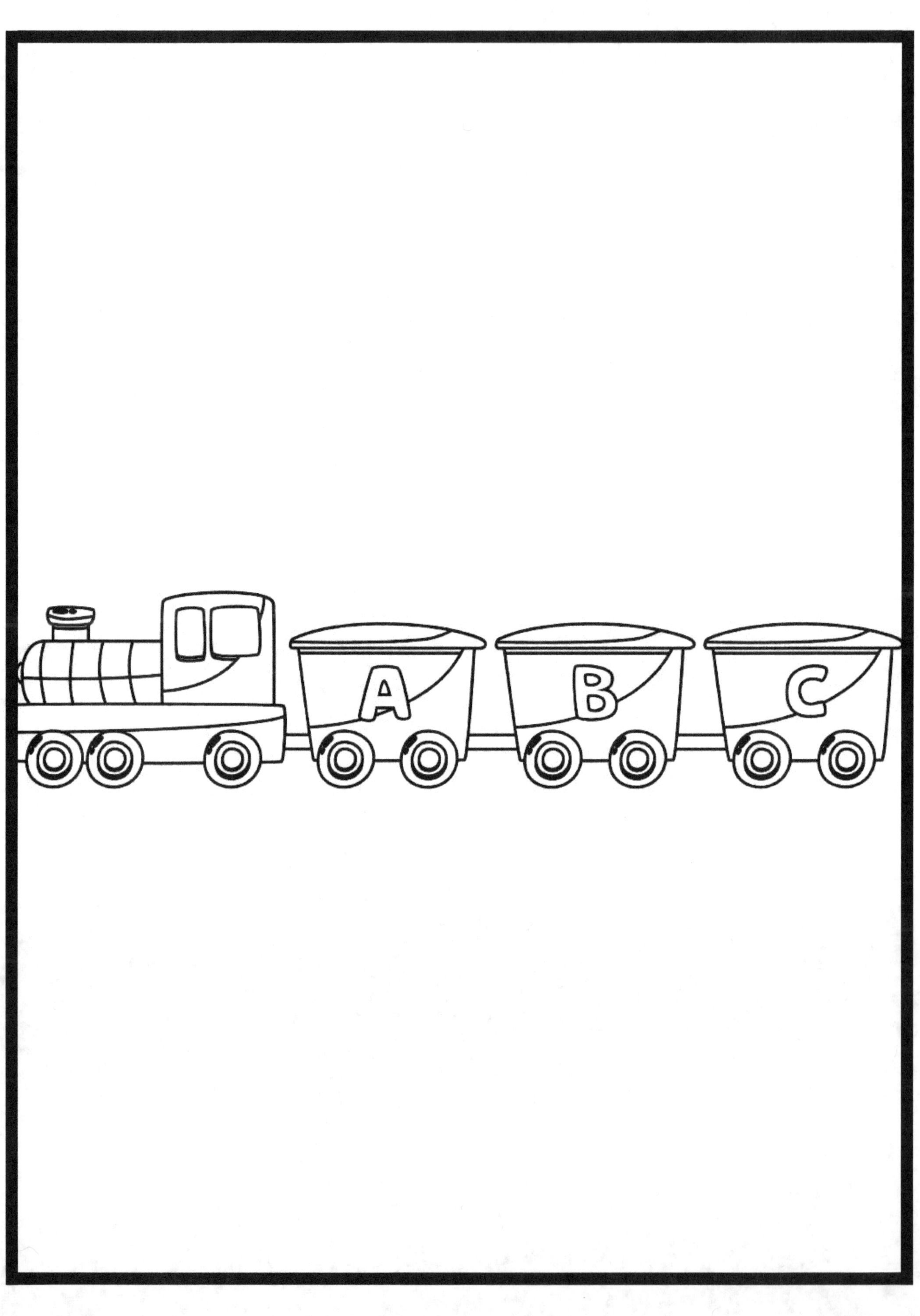

A
B
C

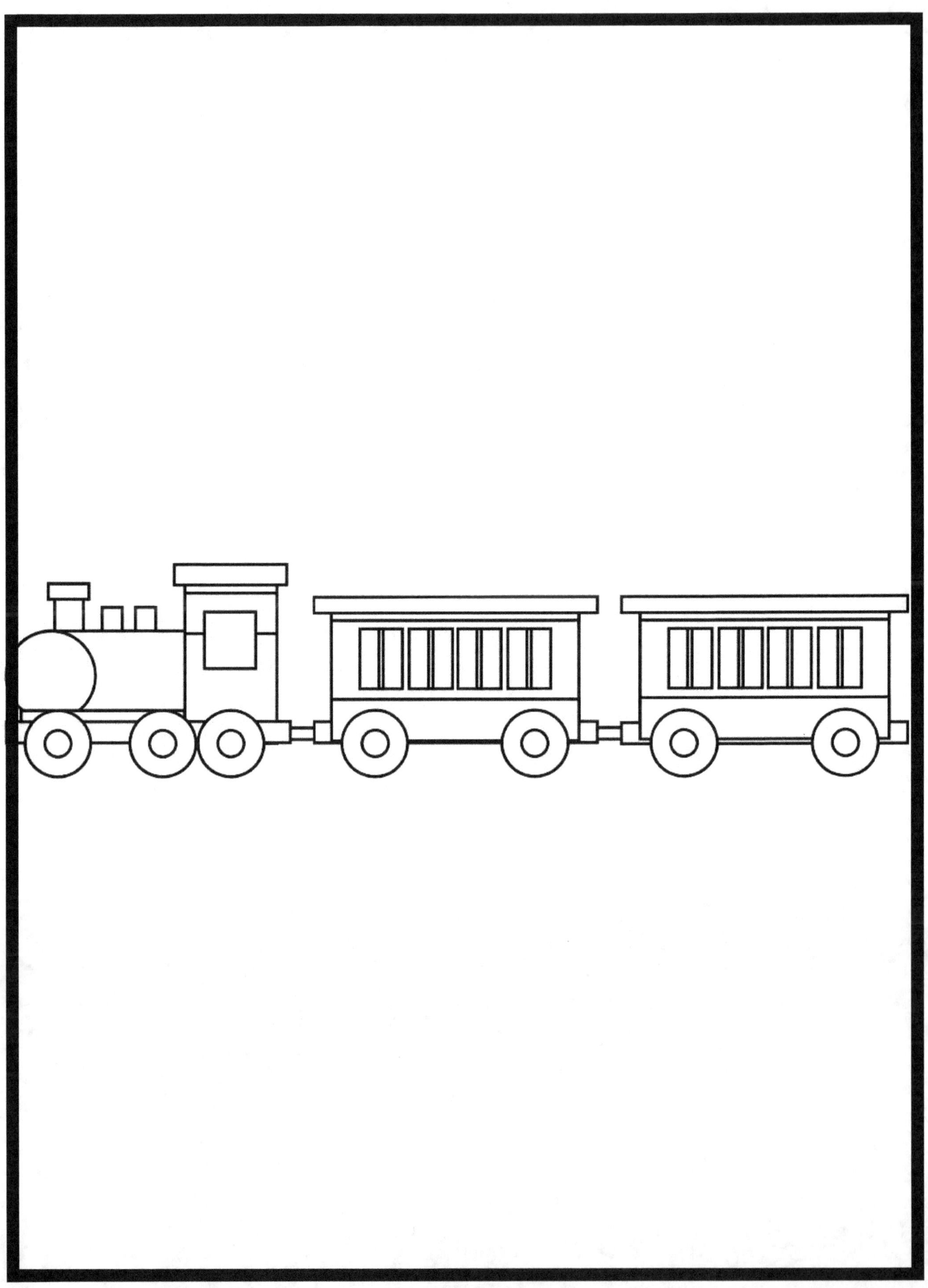

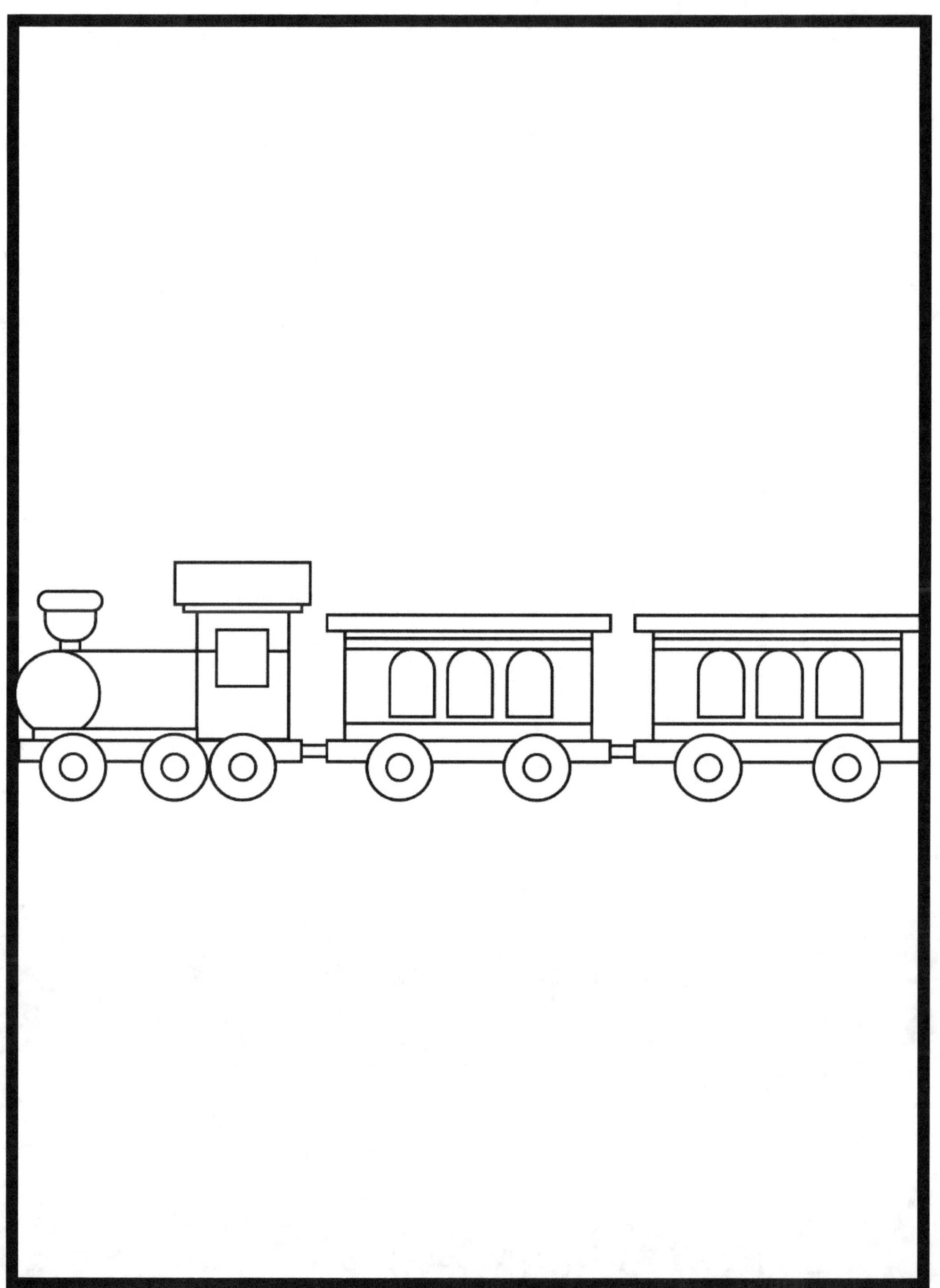

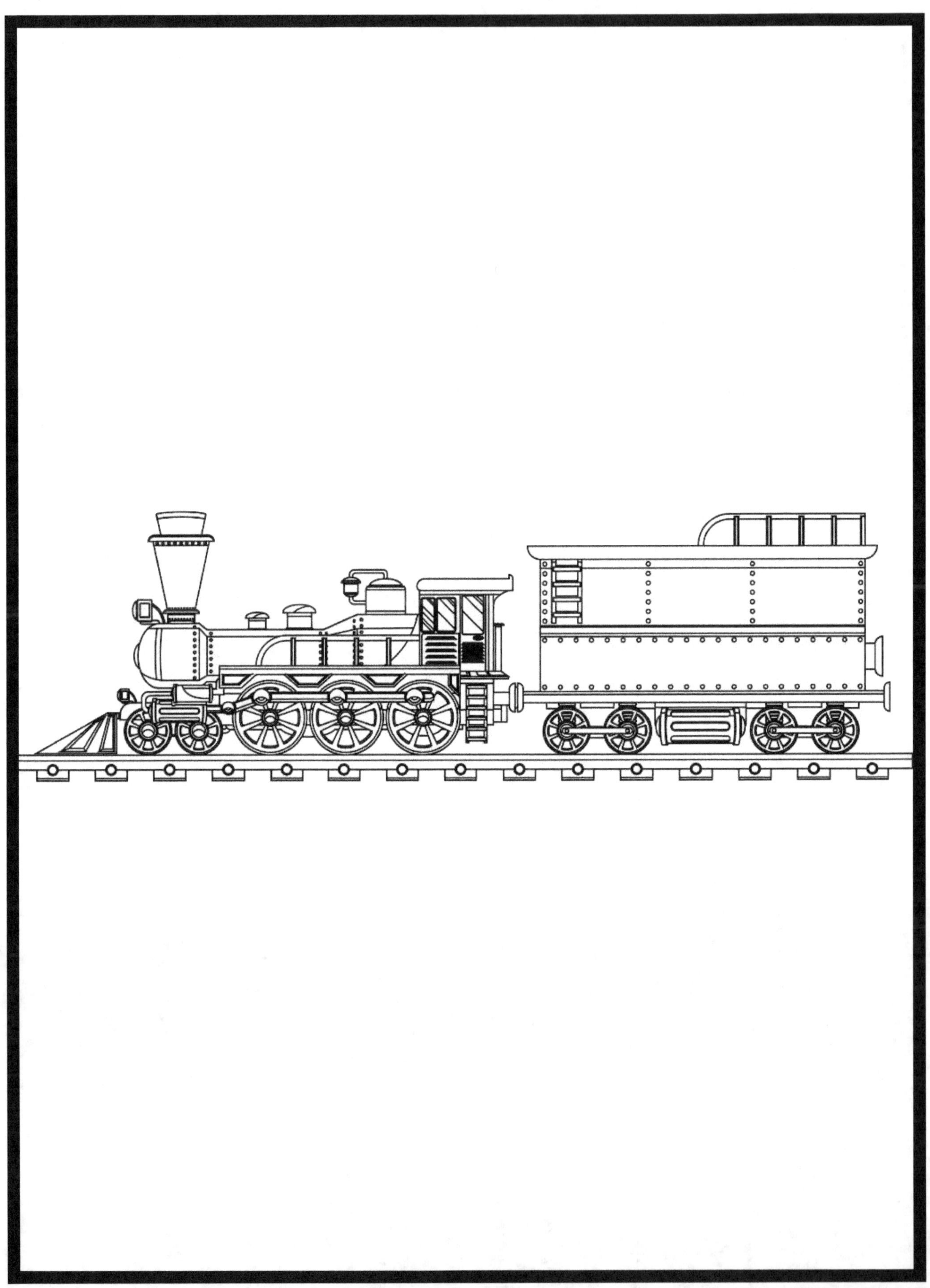

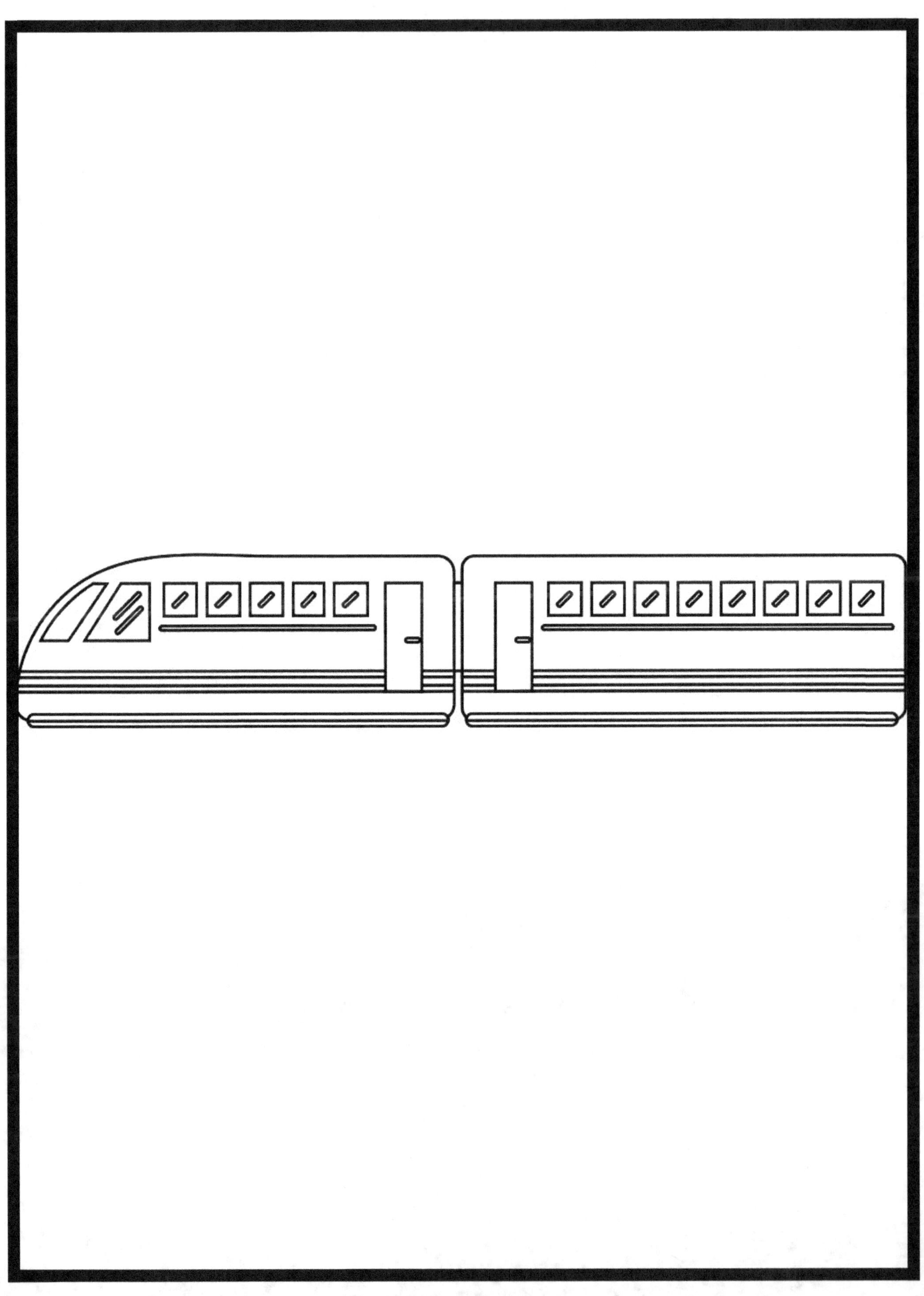

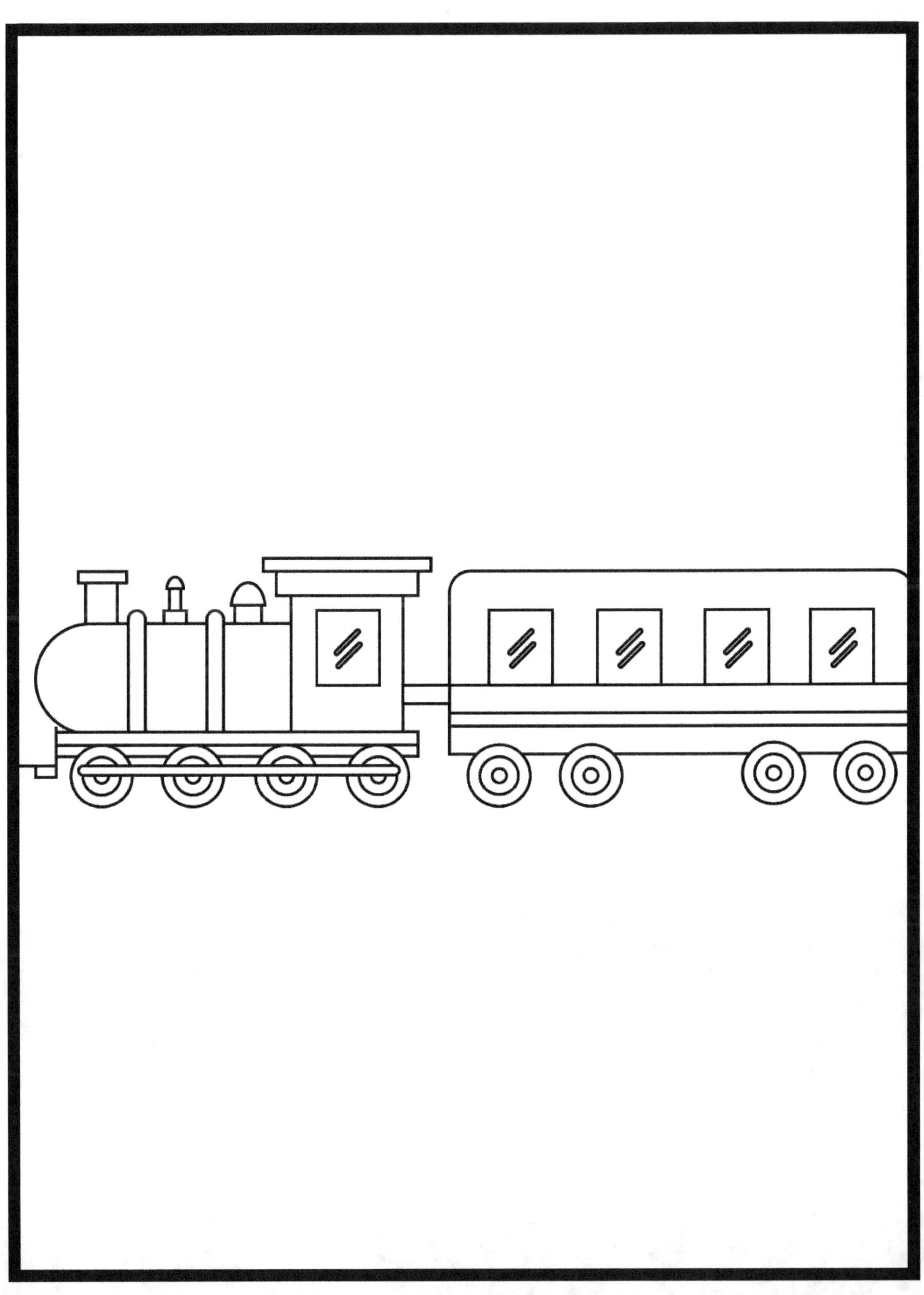

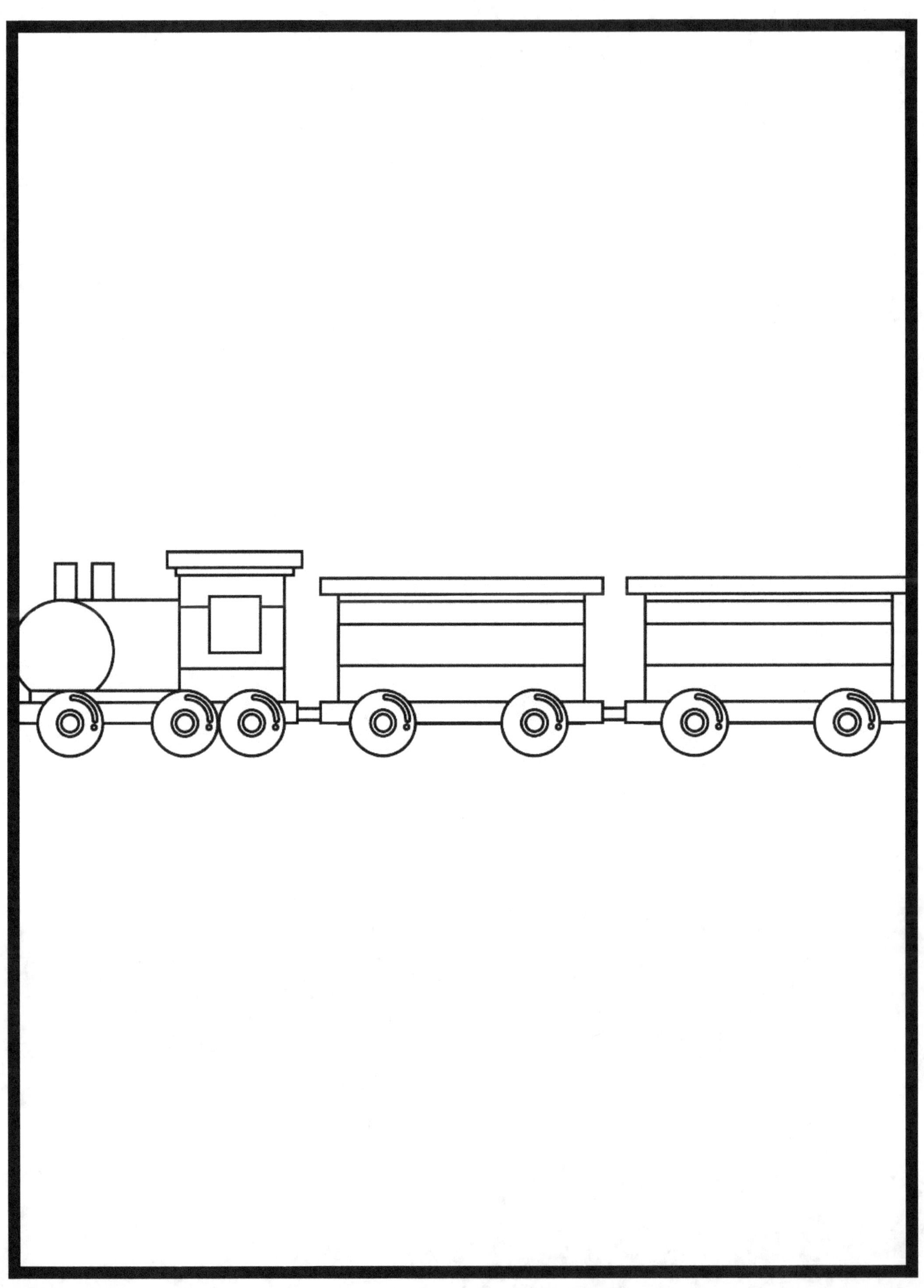

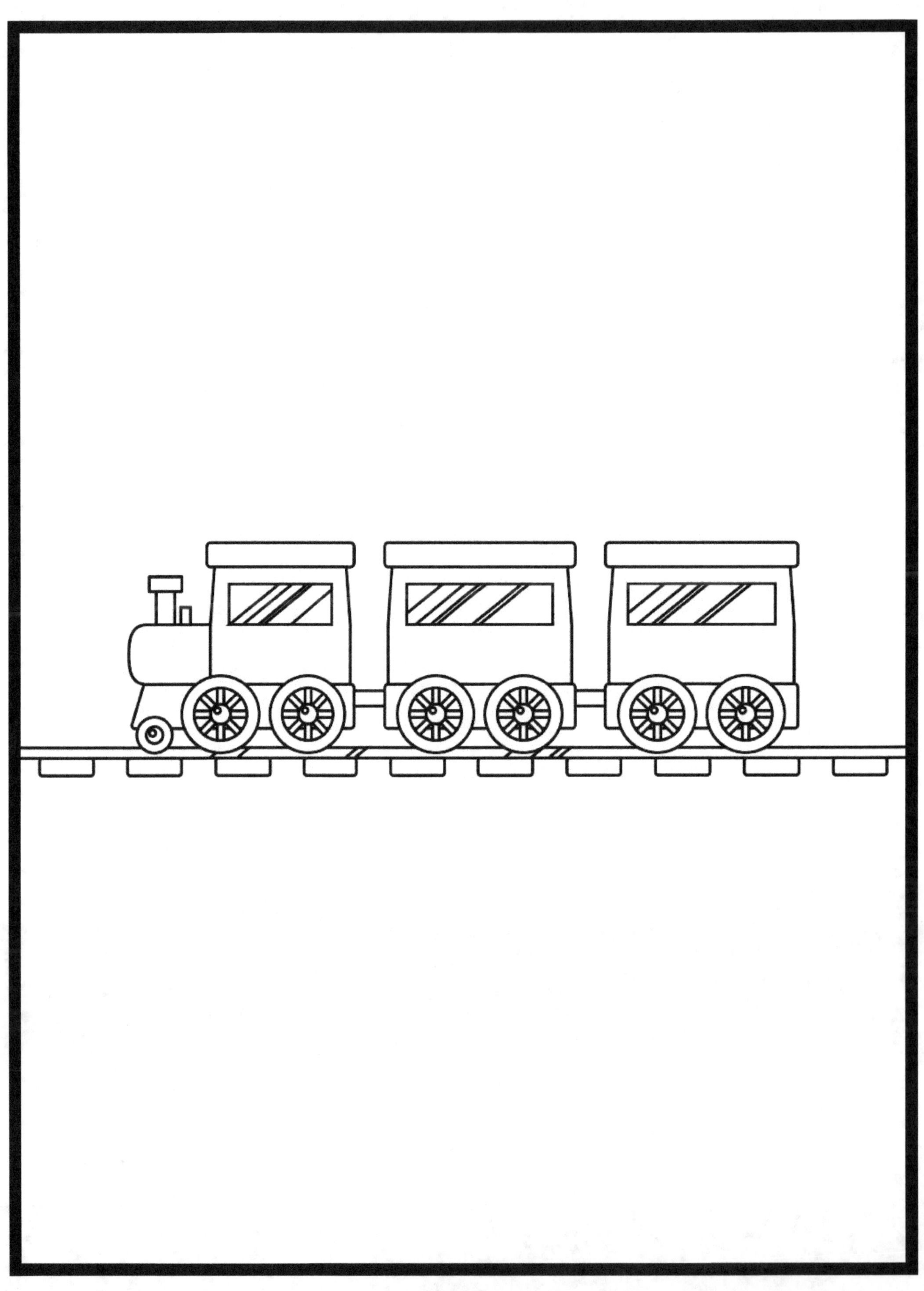

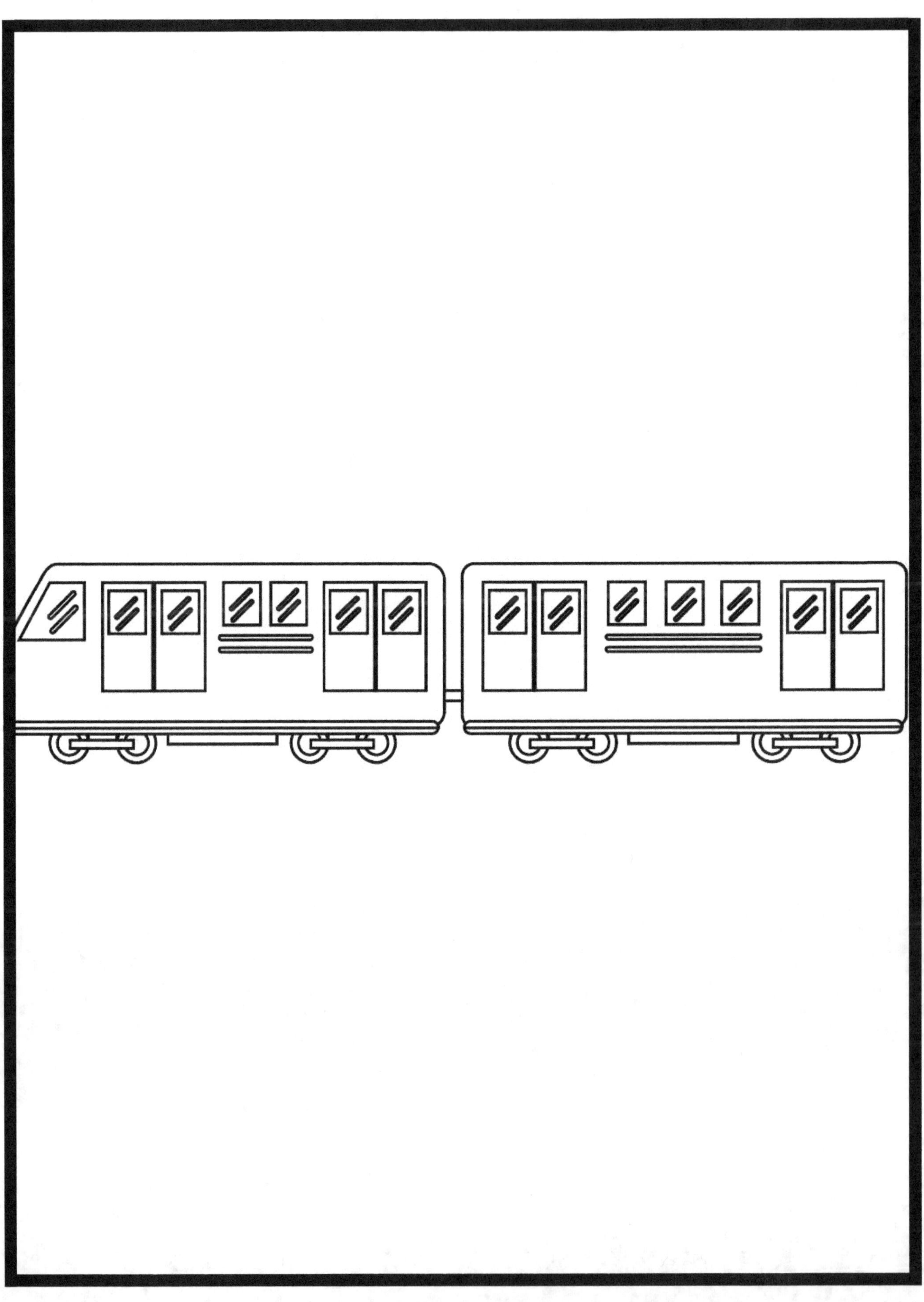

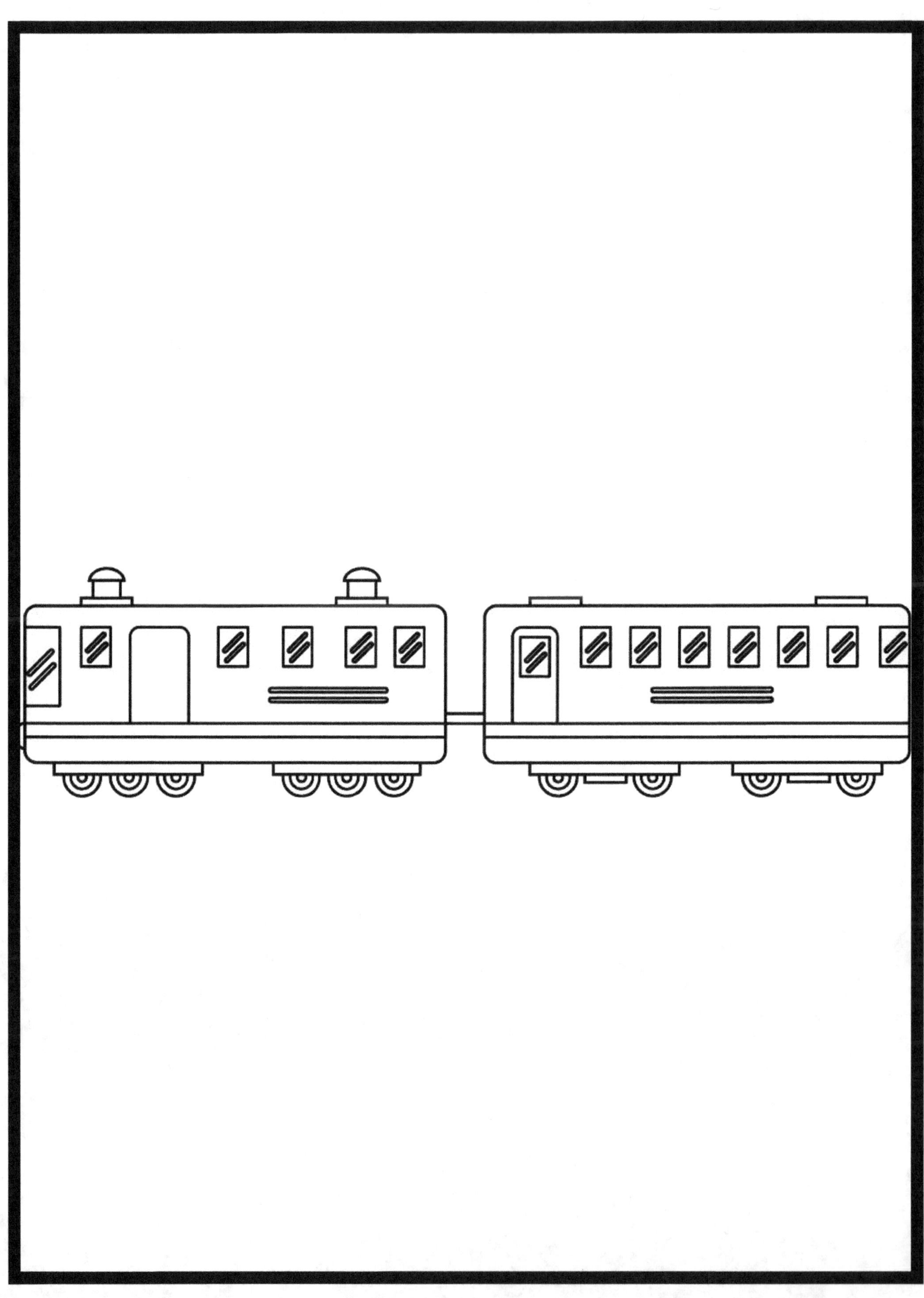

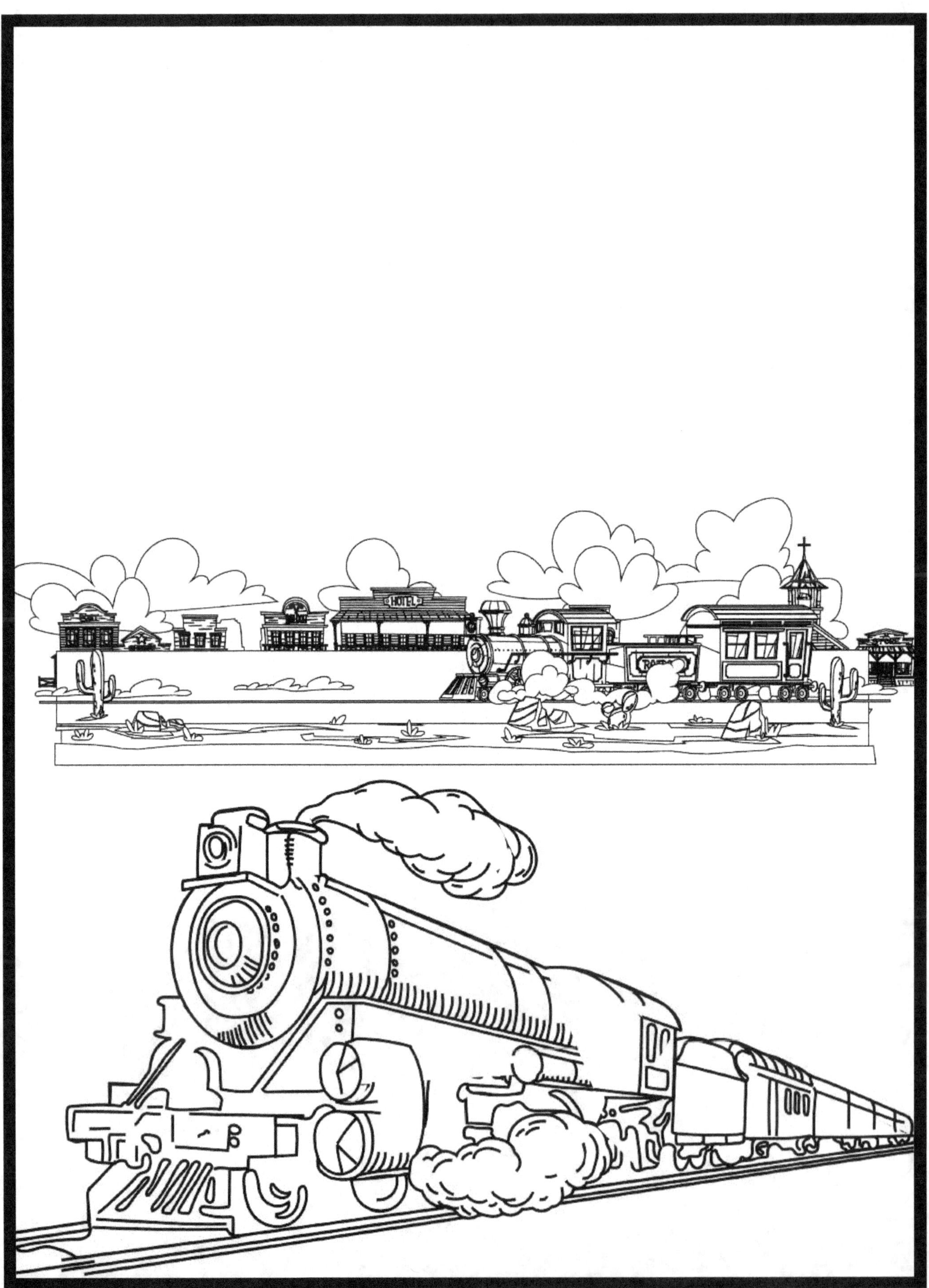
HOTEL

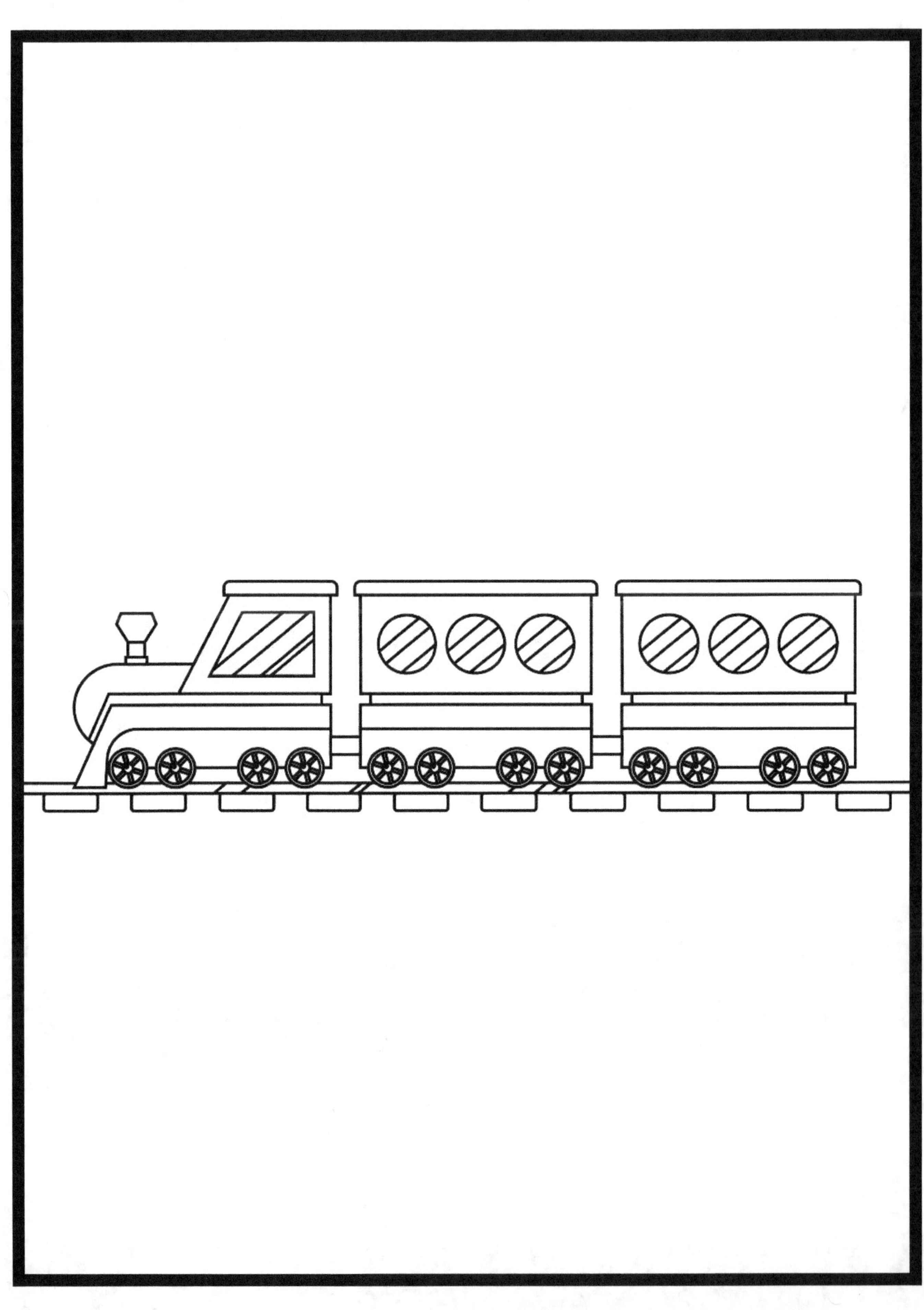

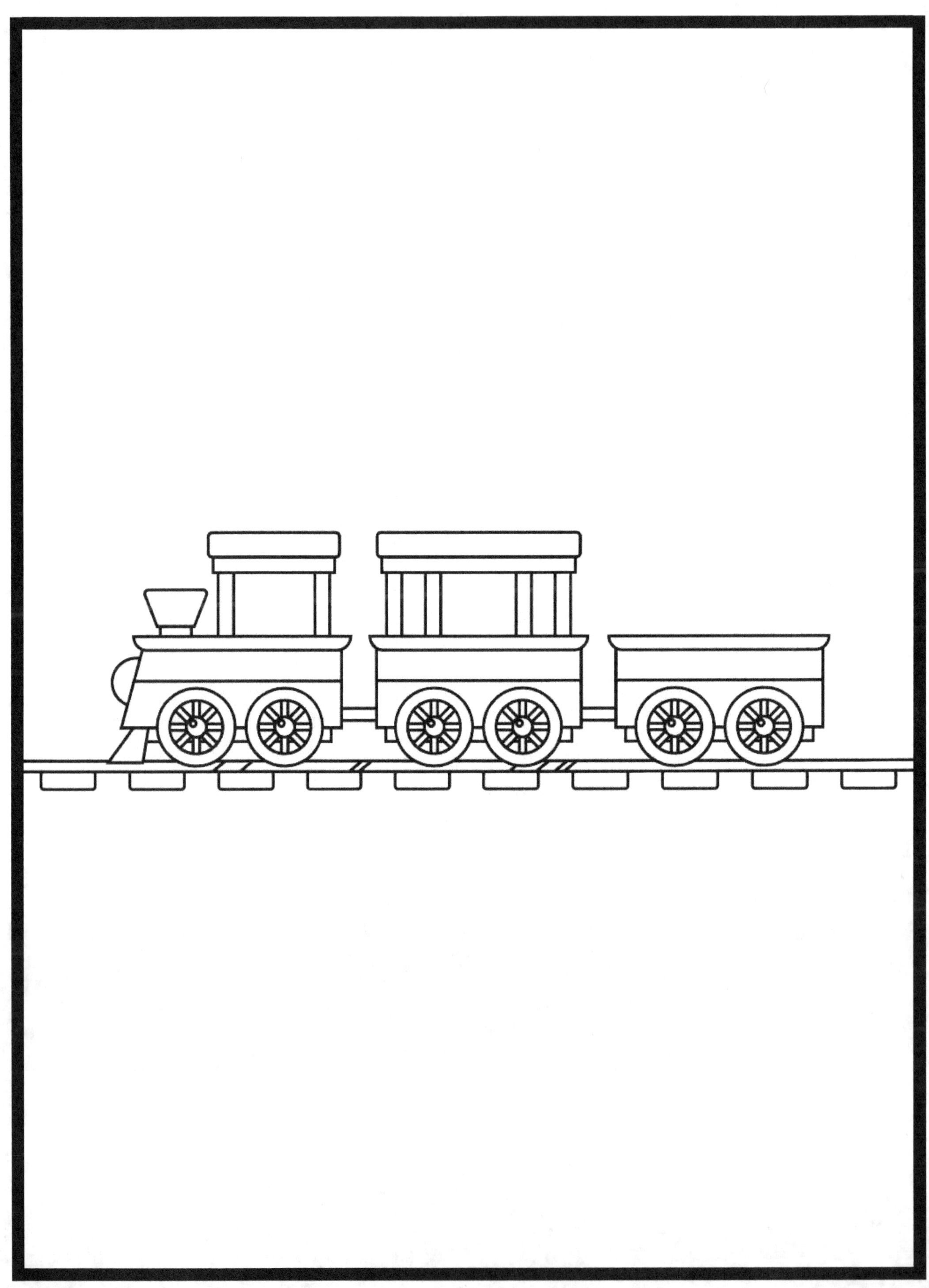

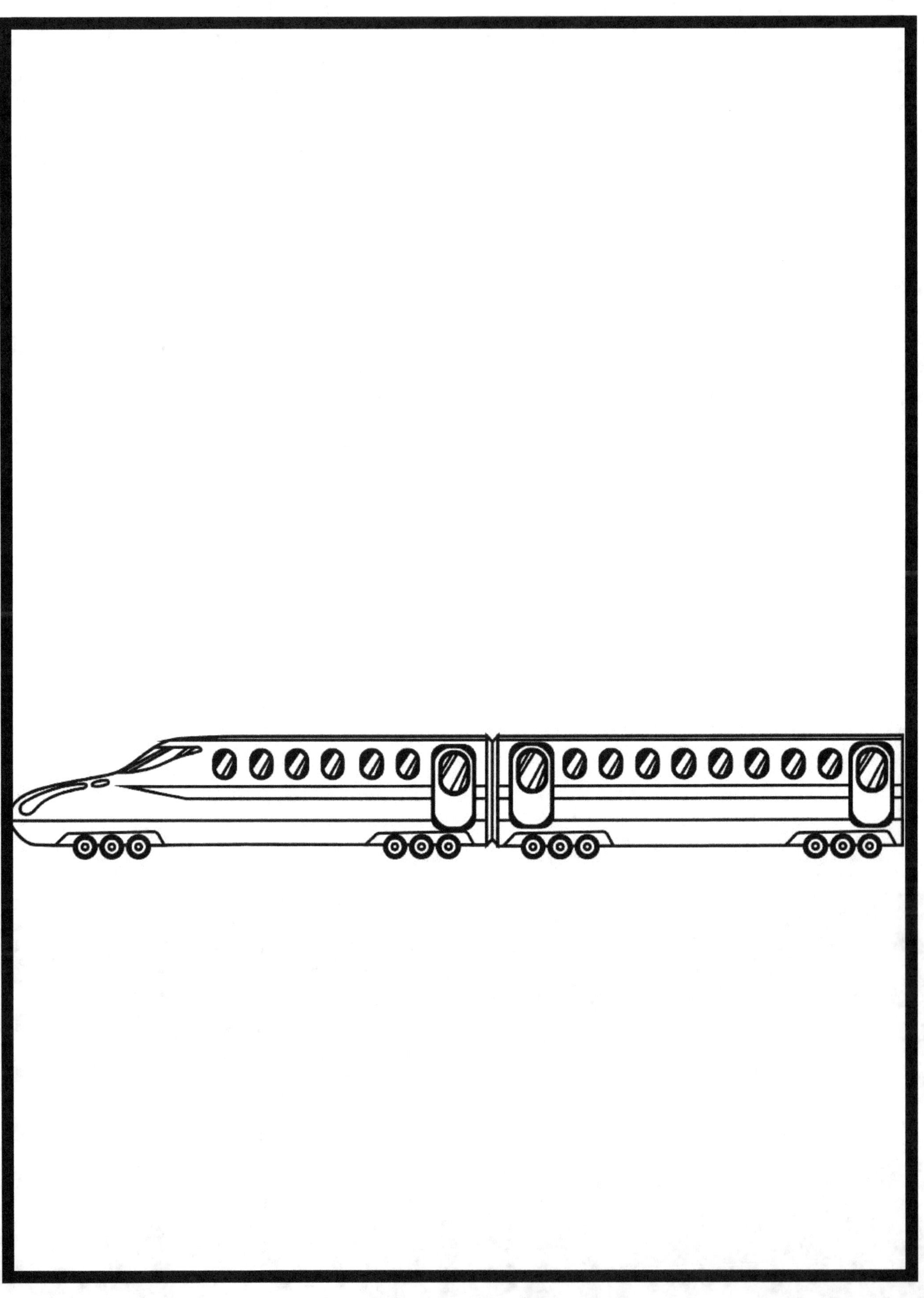

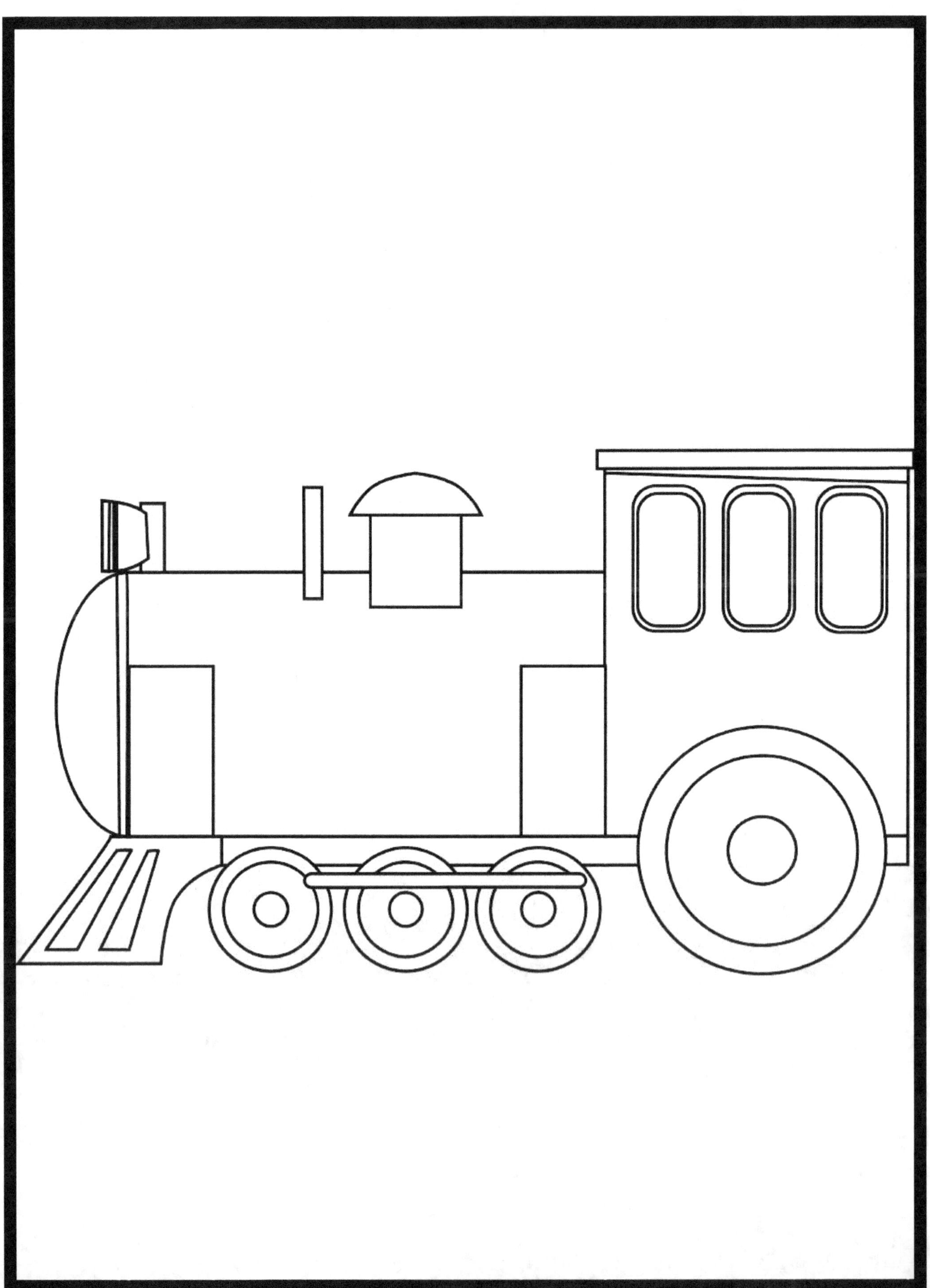

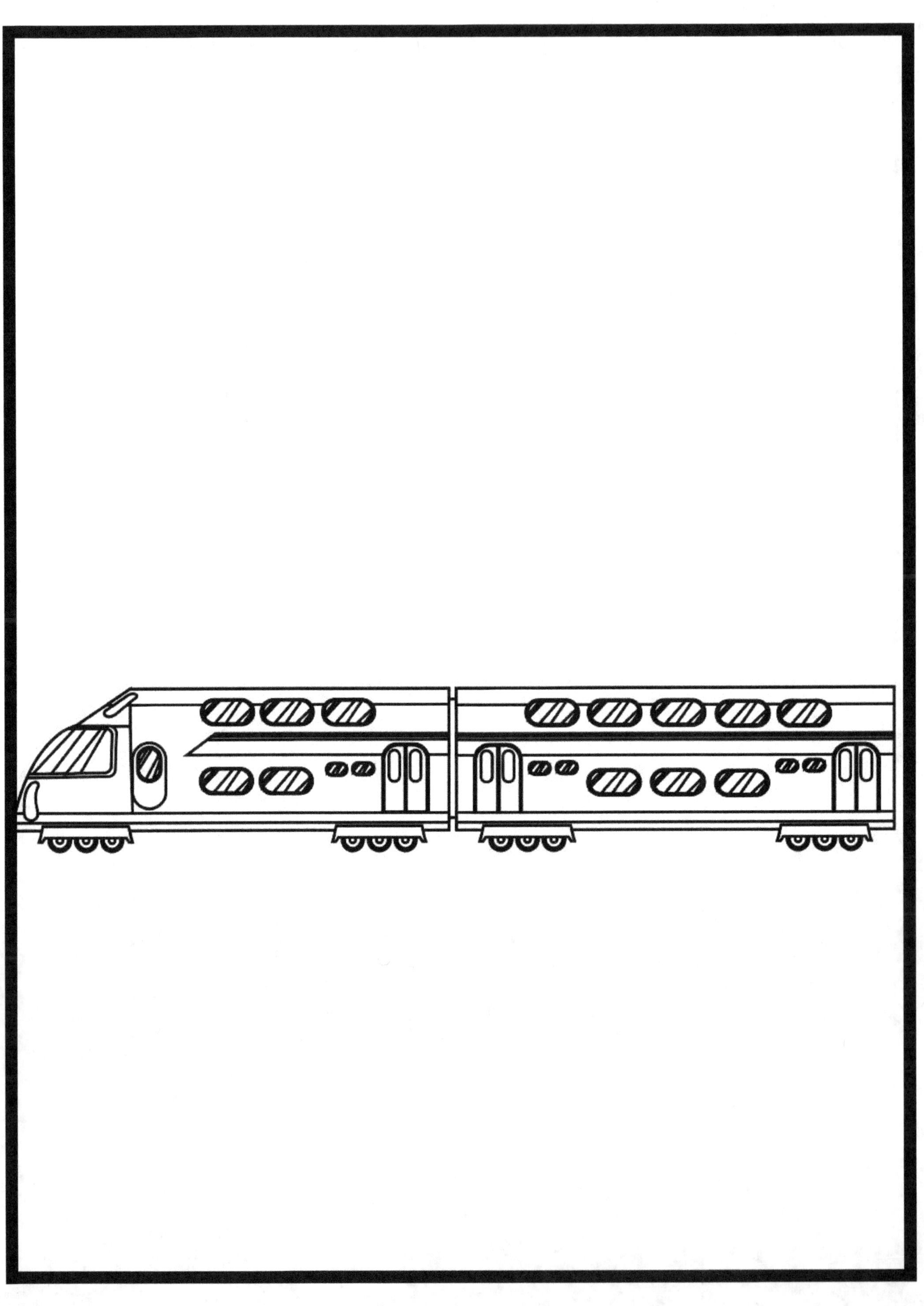

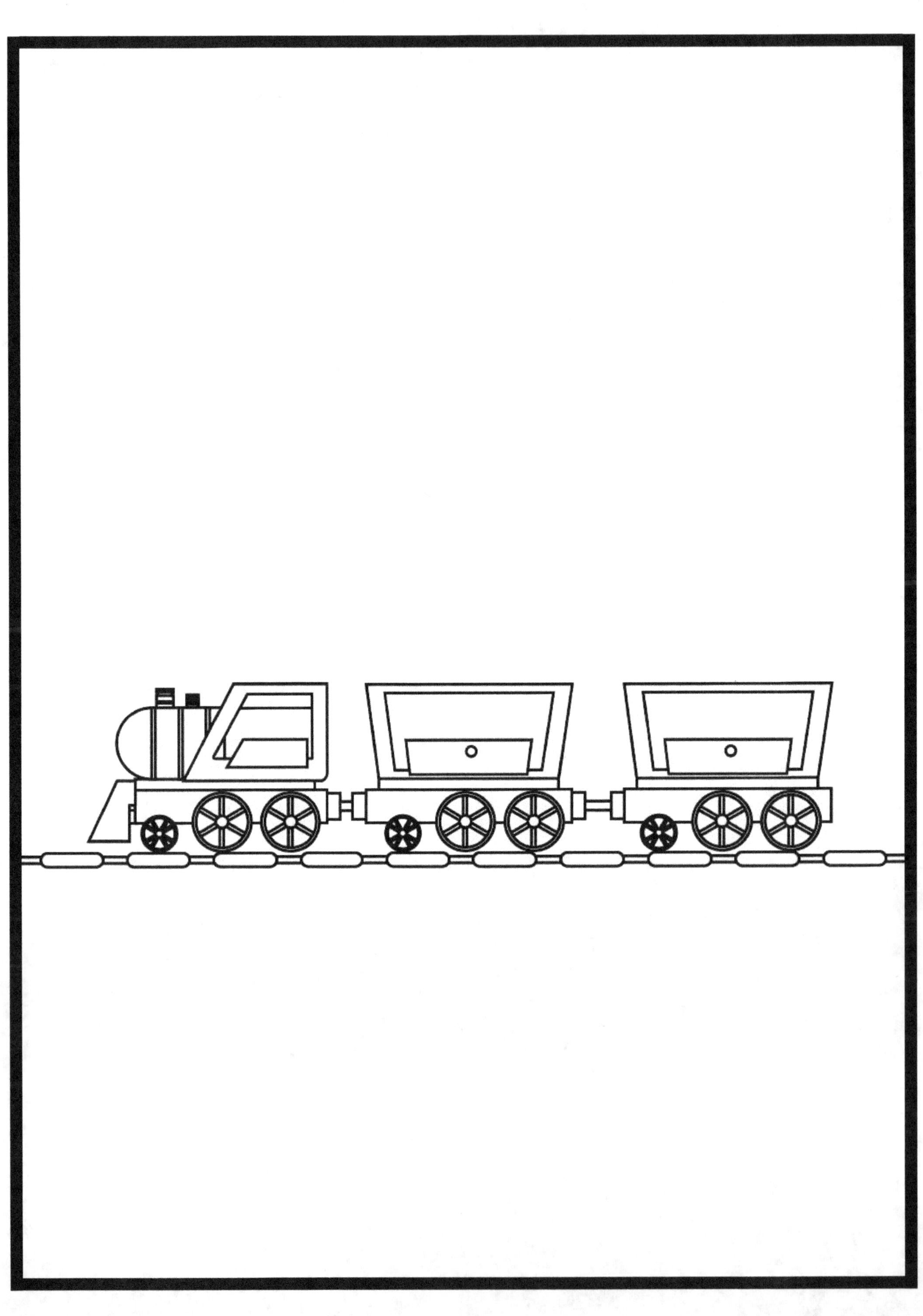

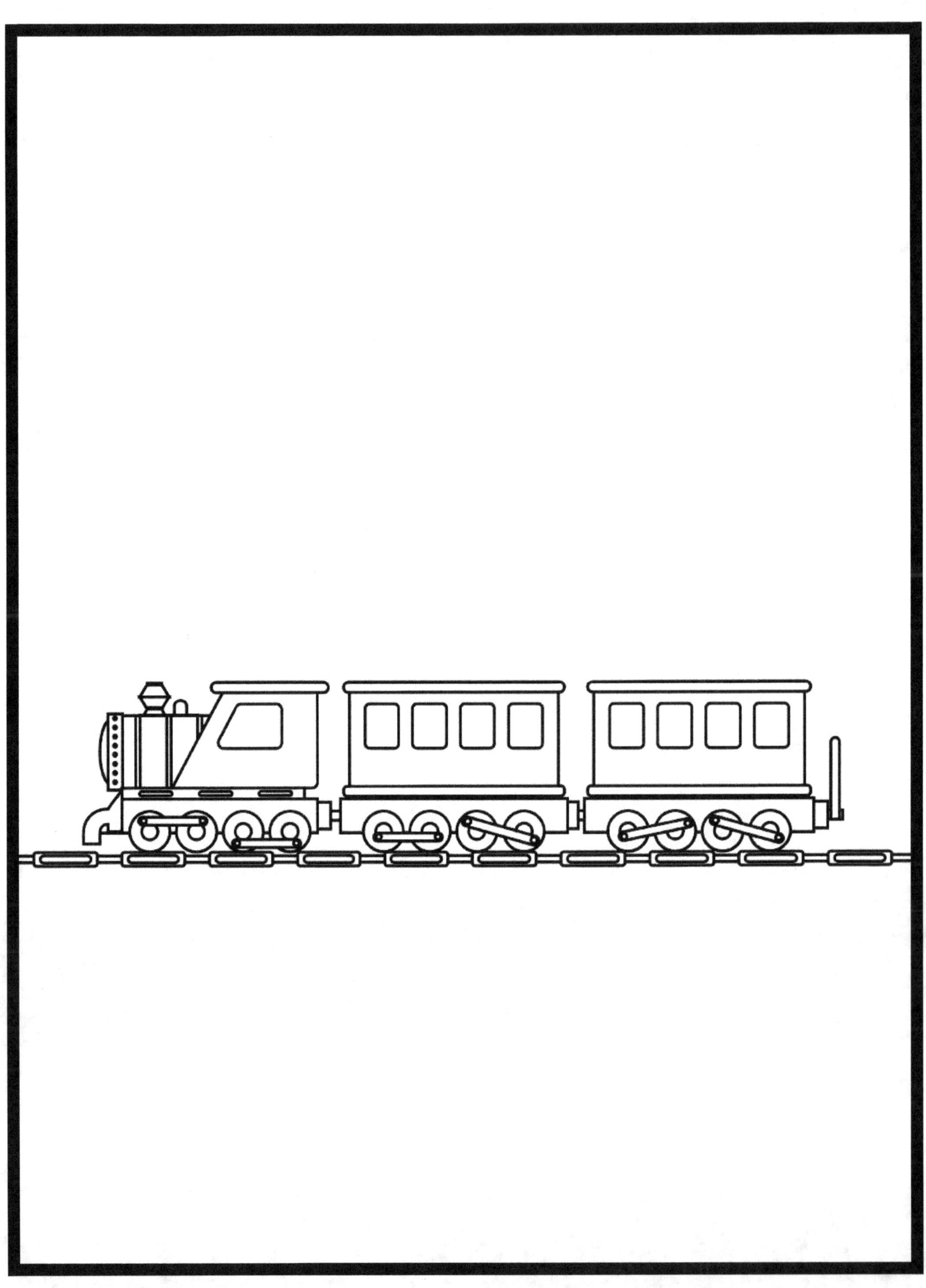

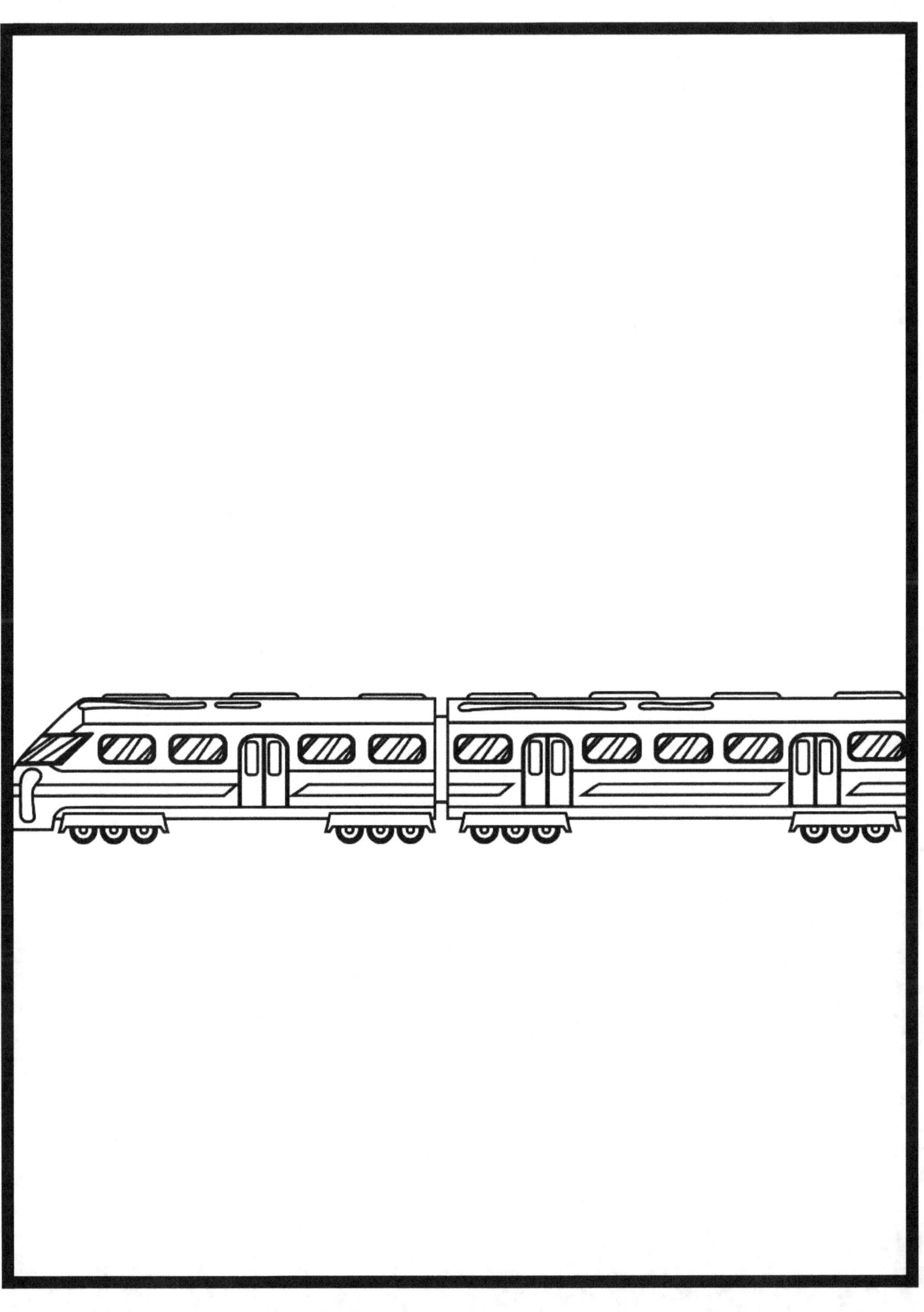

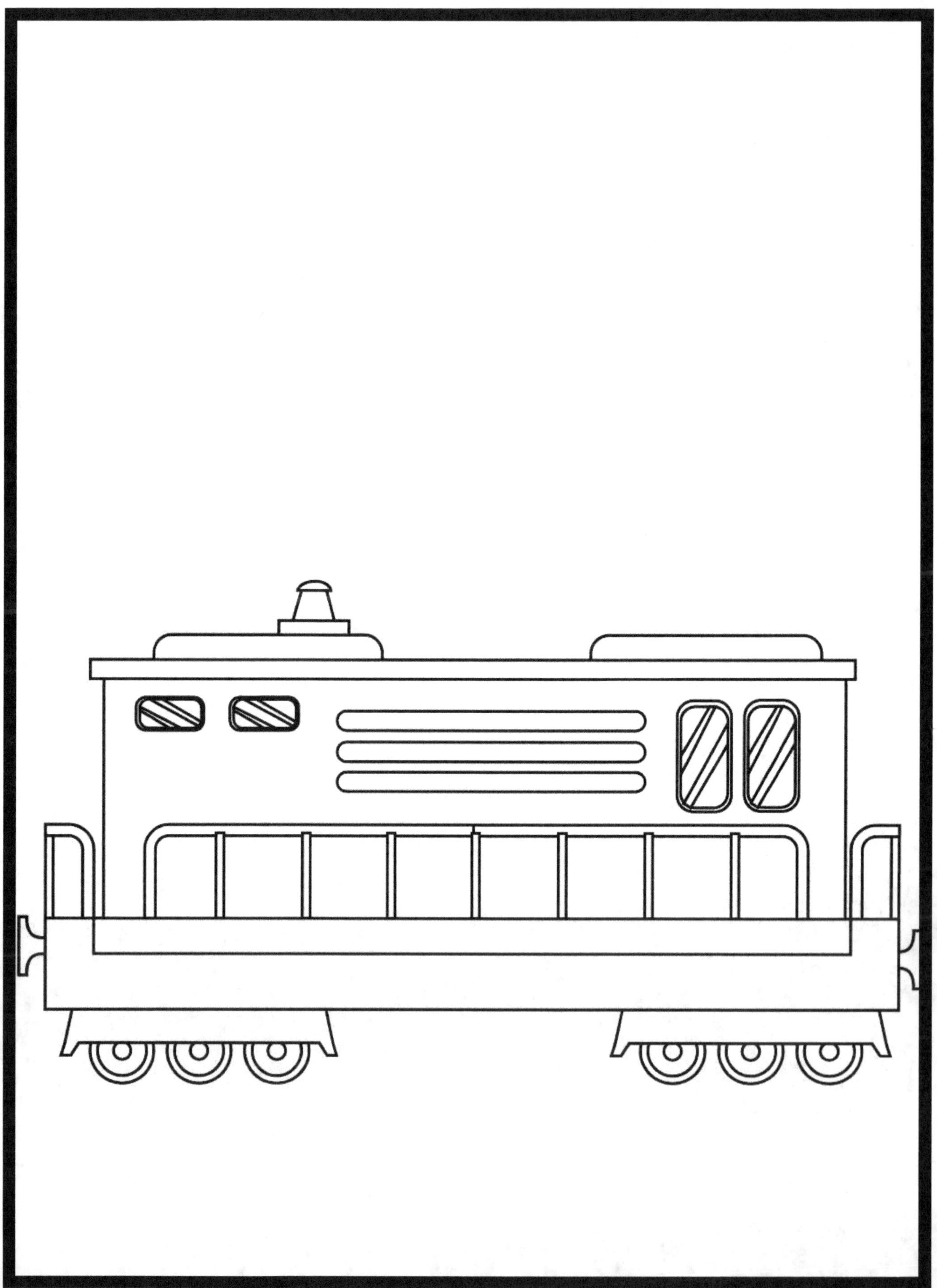

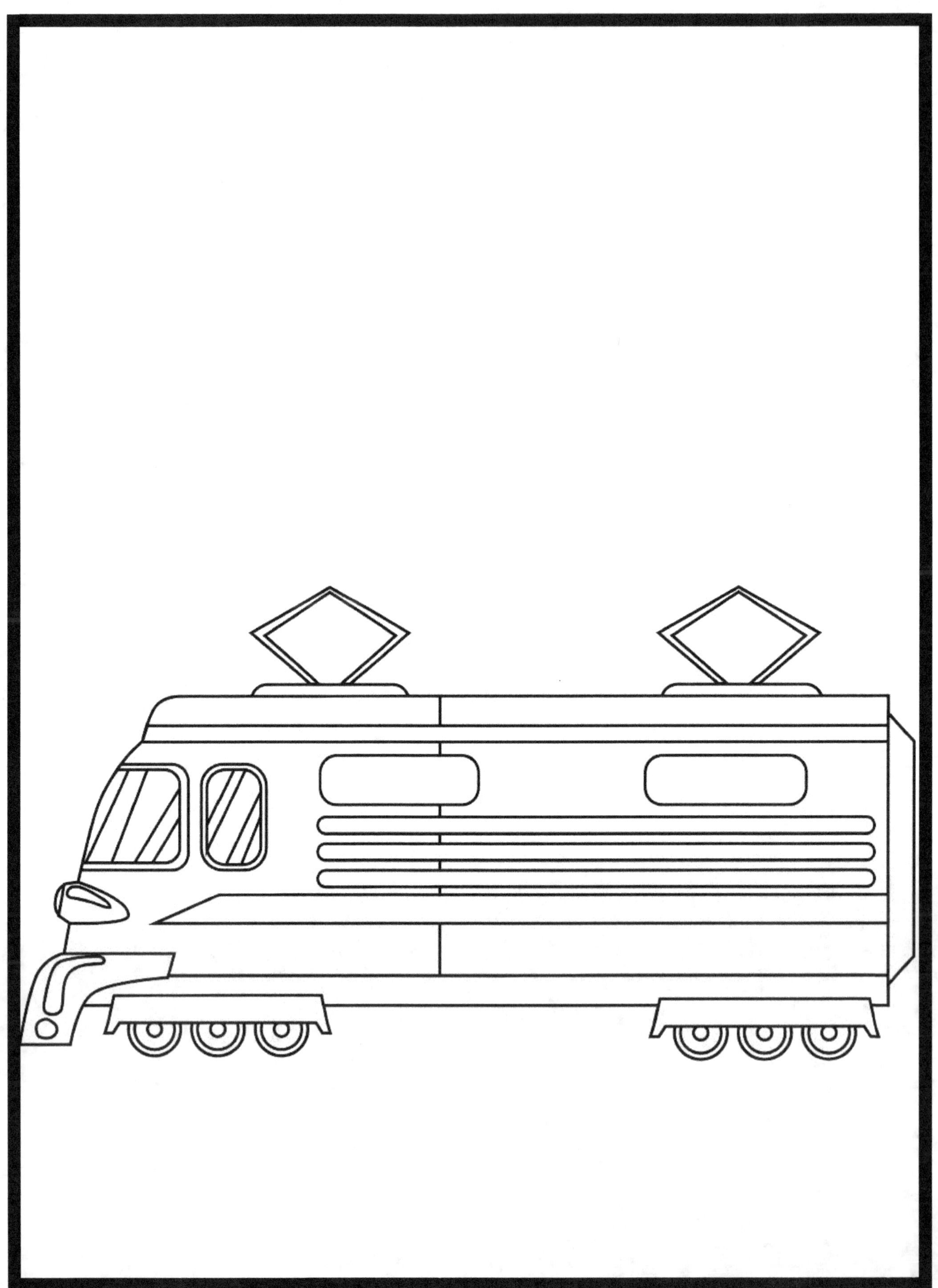

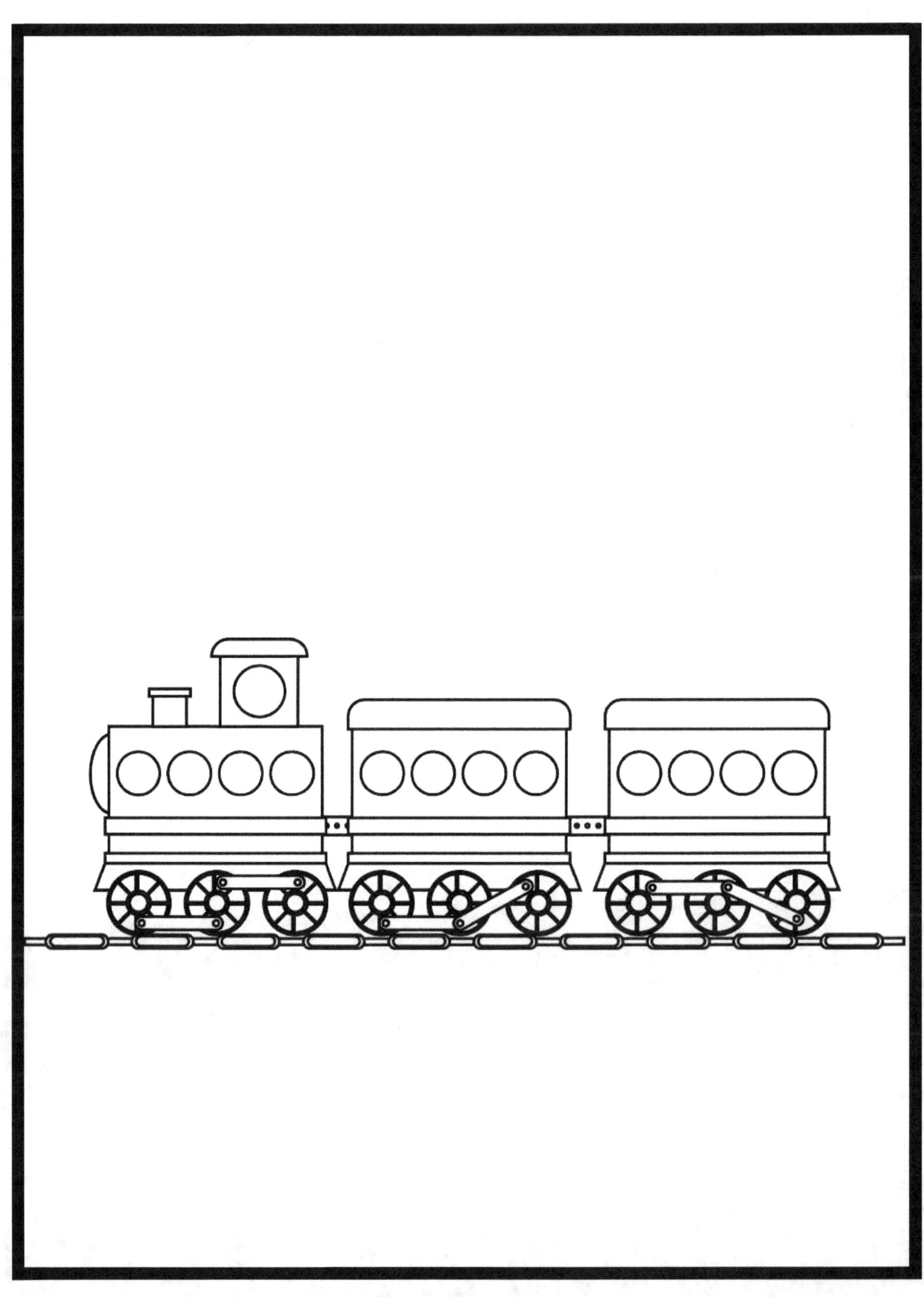

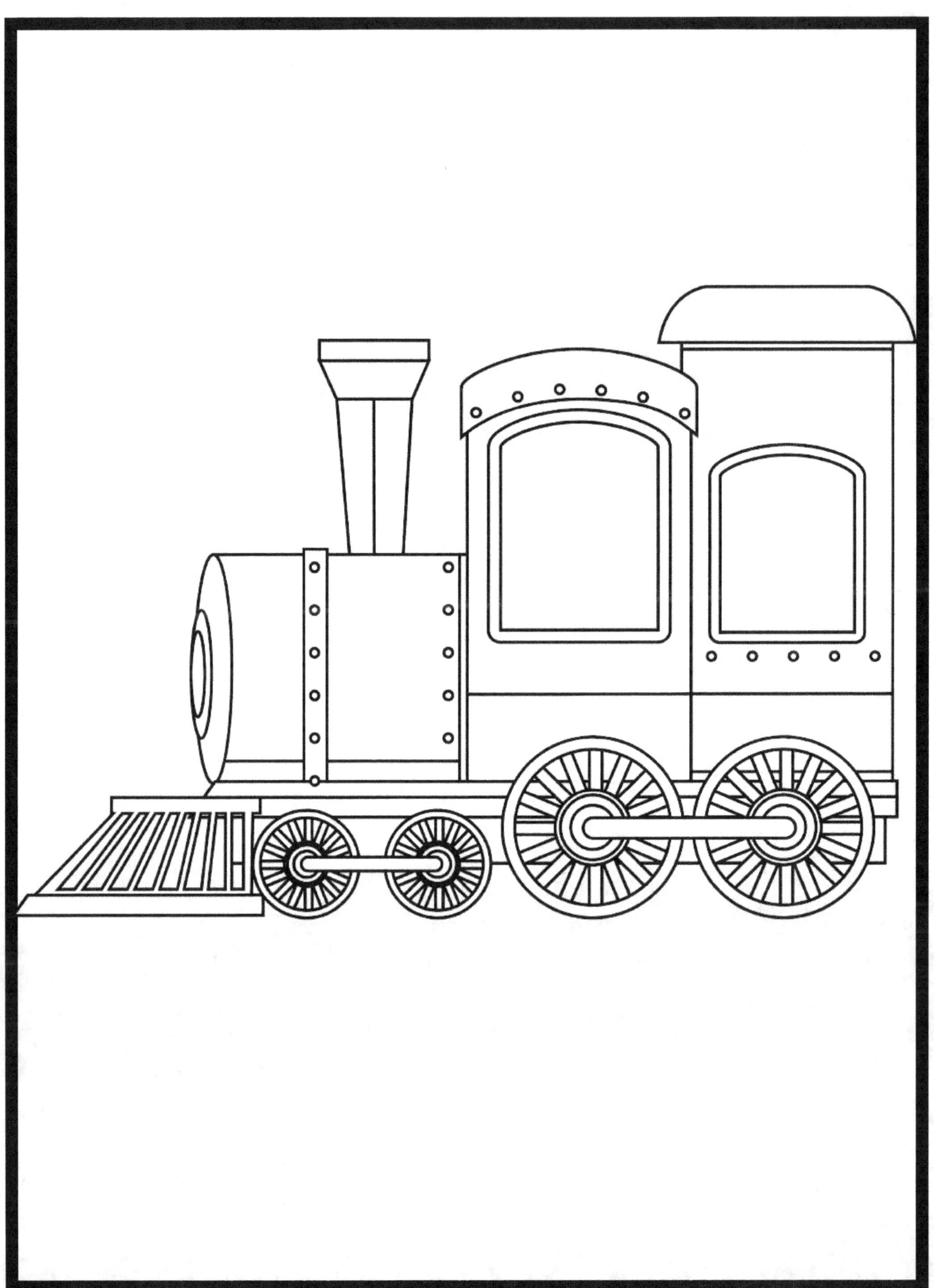

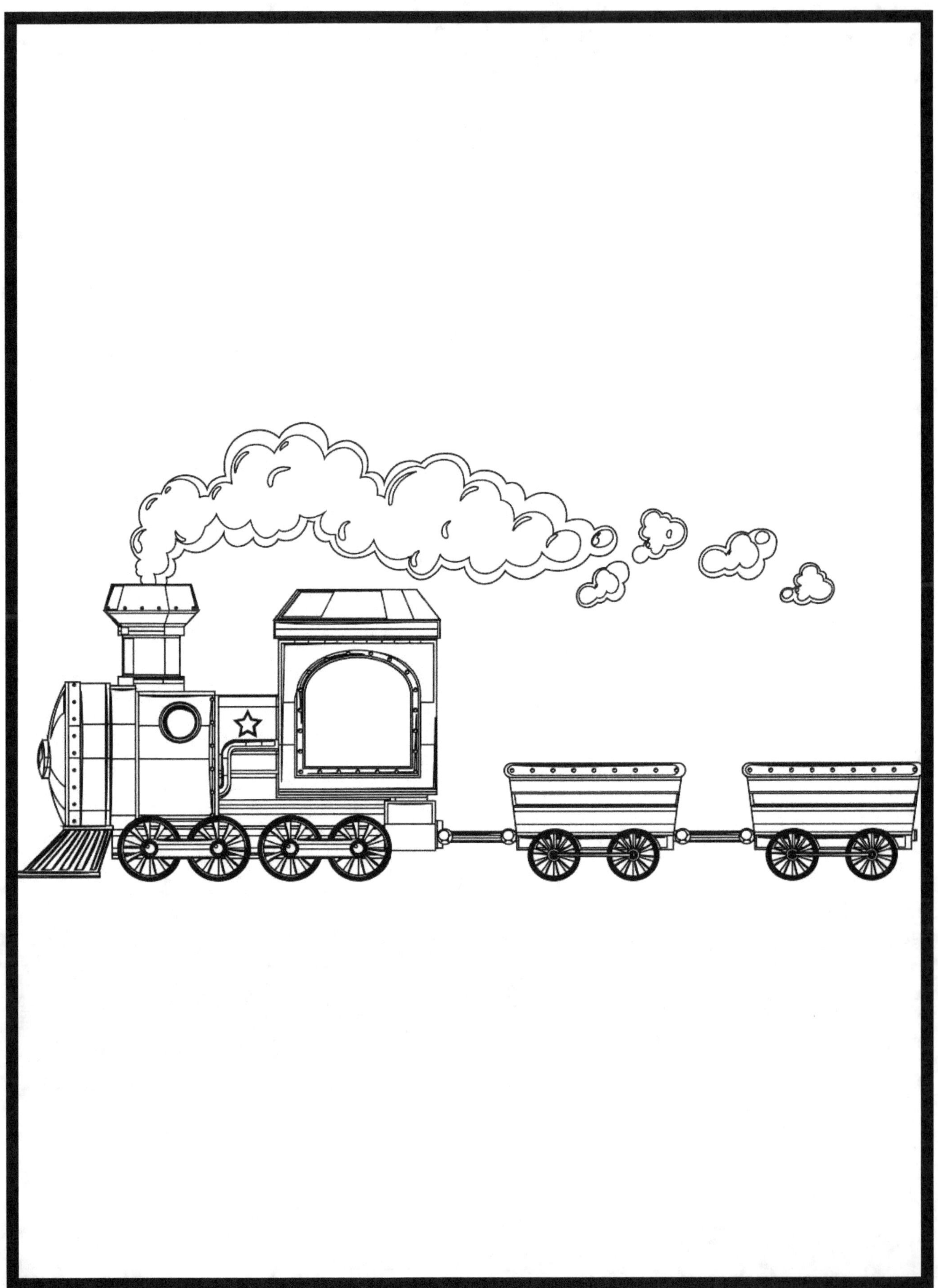

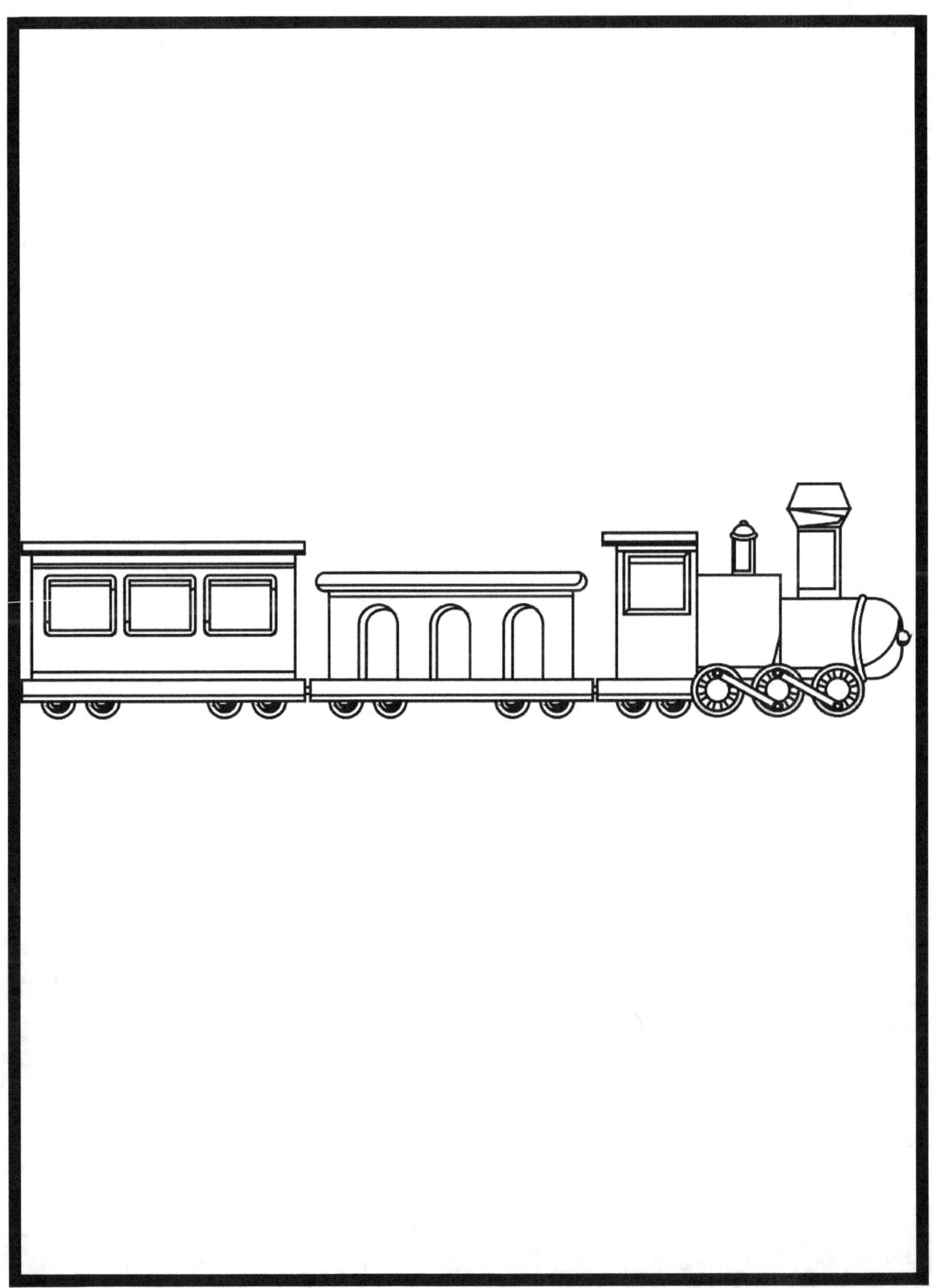

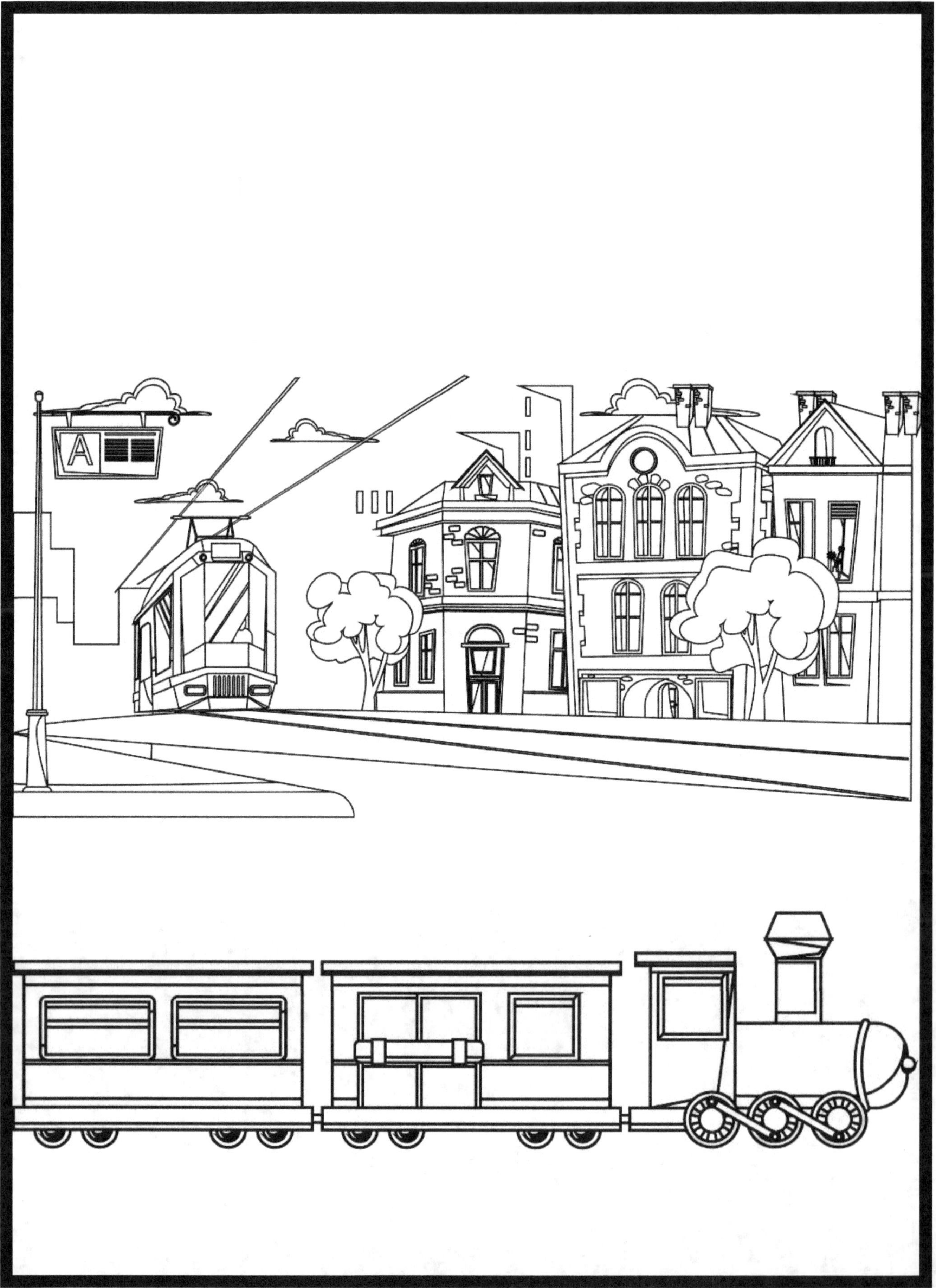

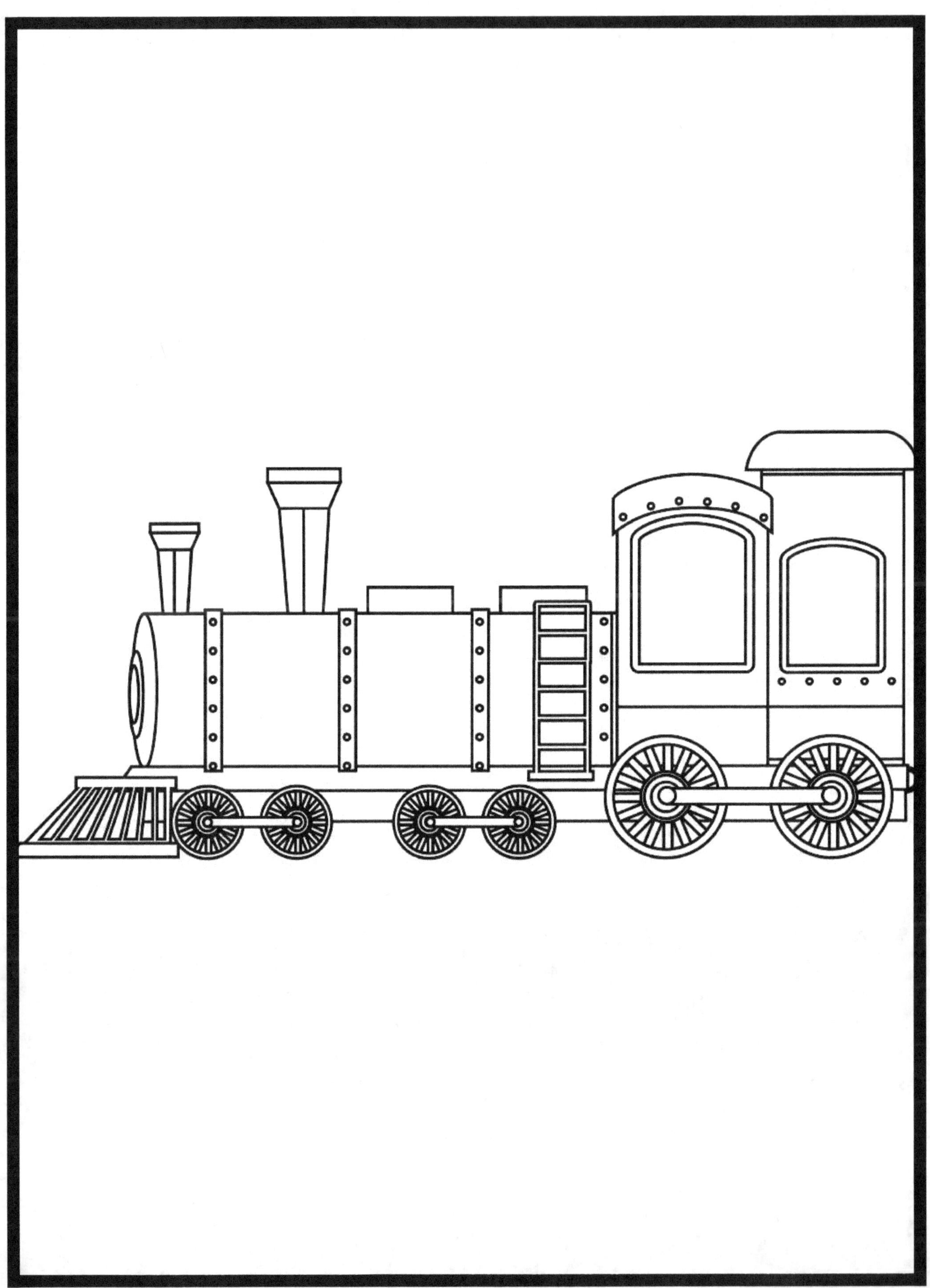

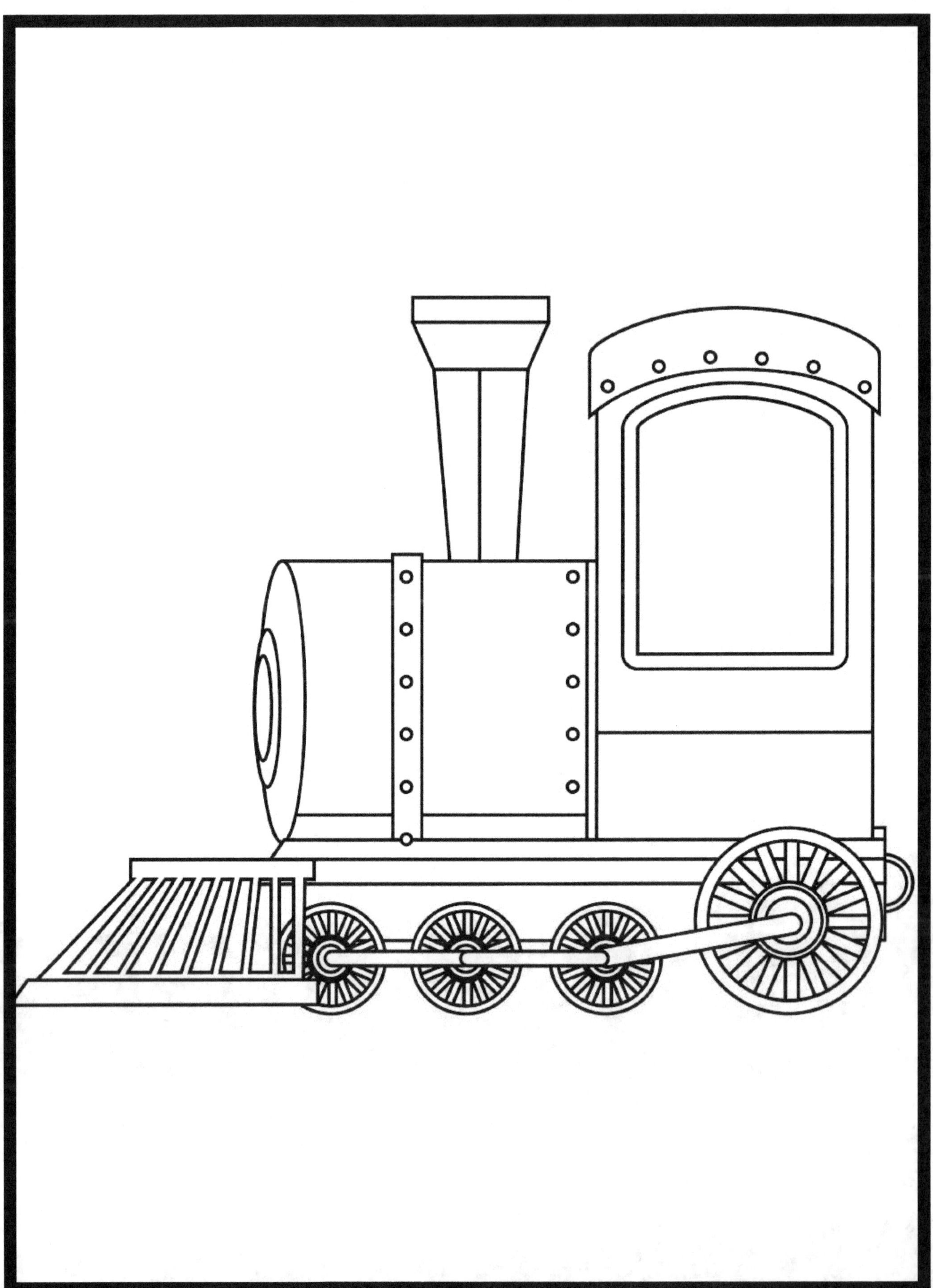

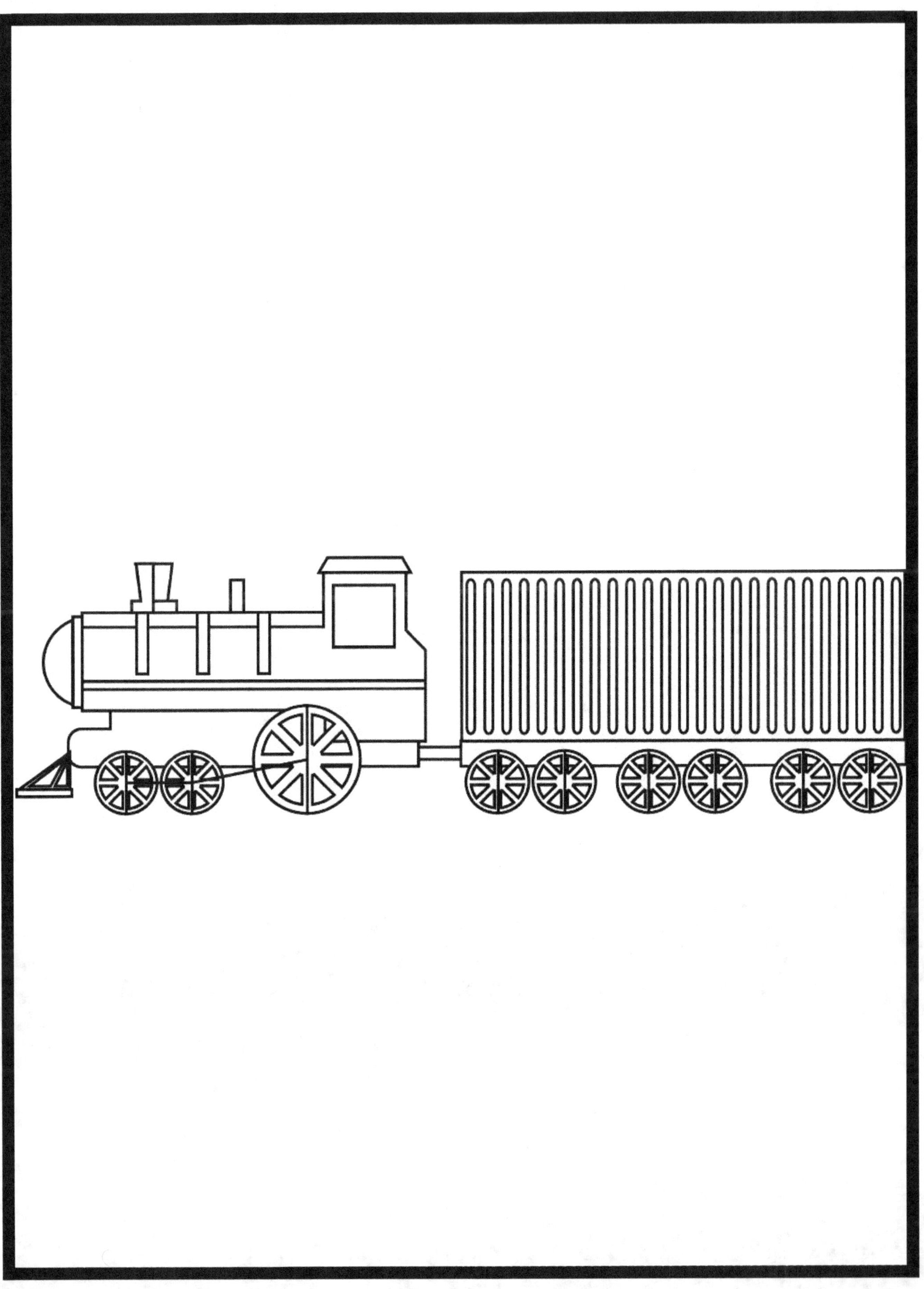

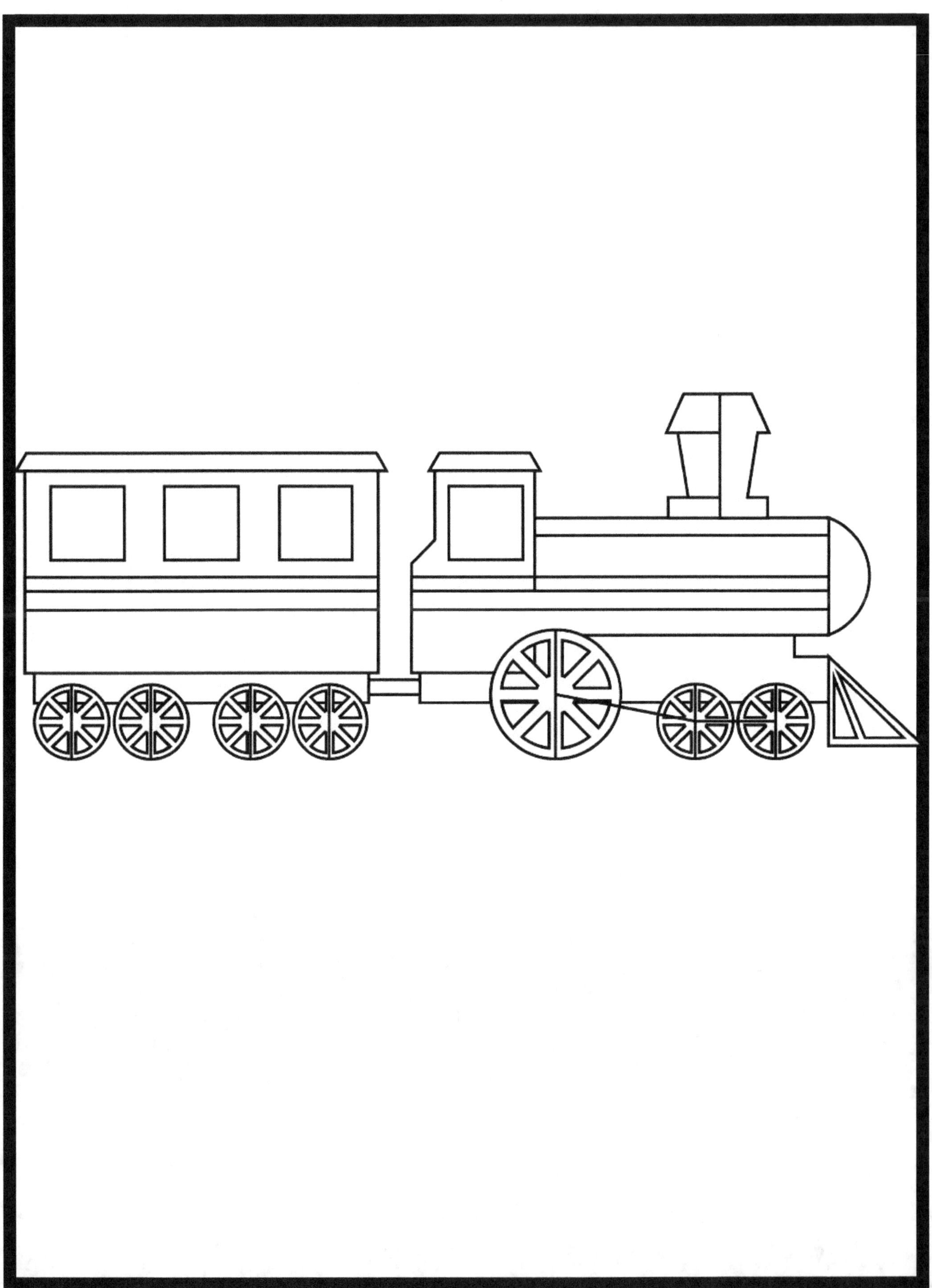

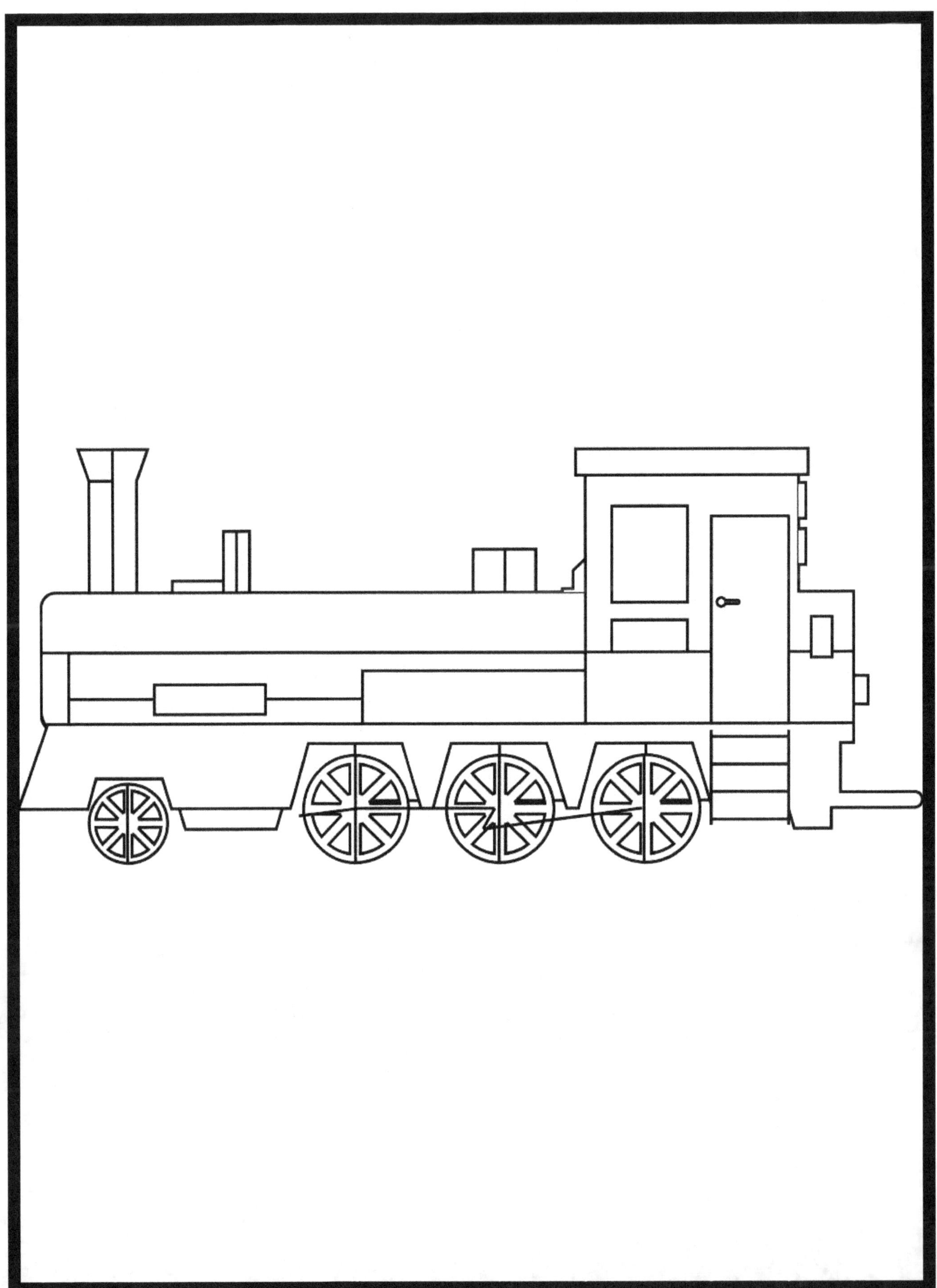

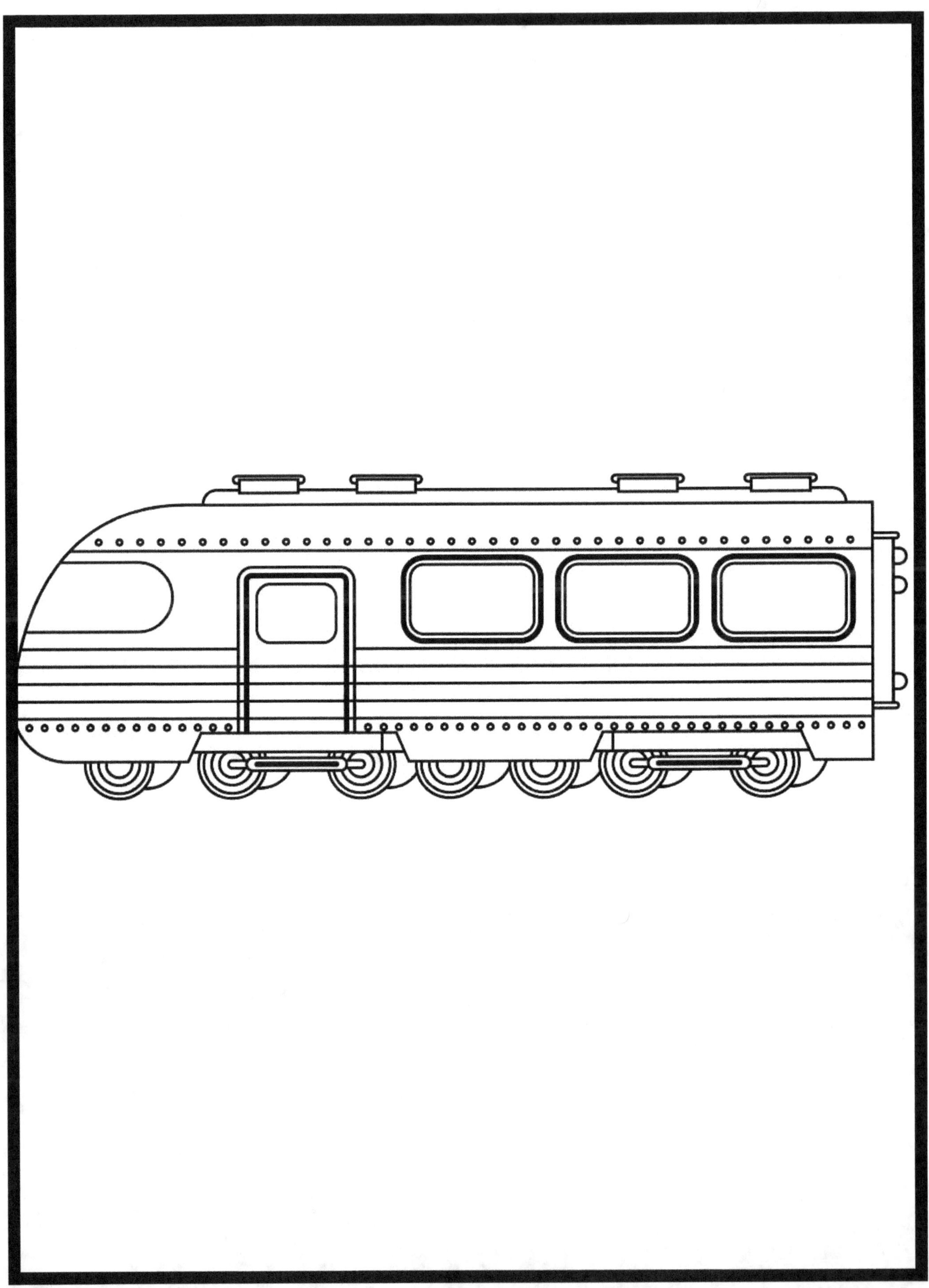

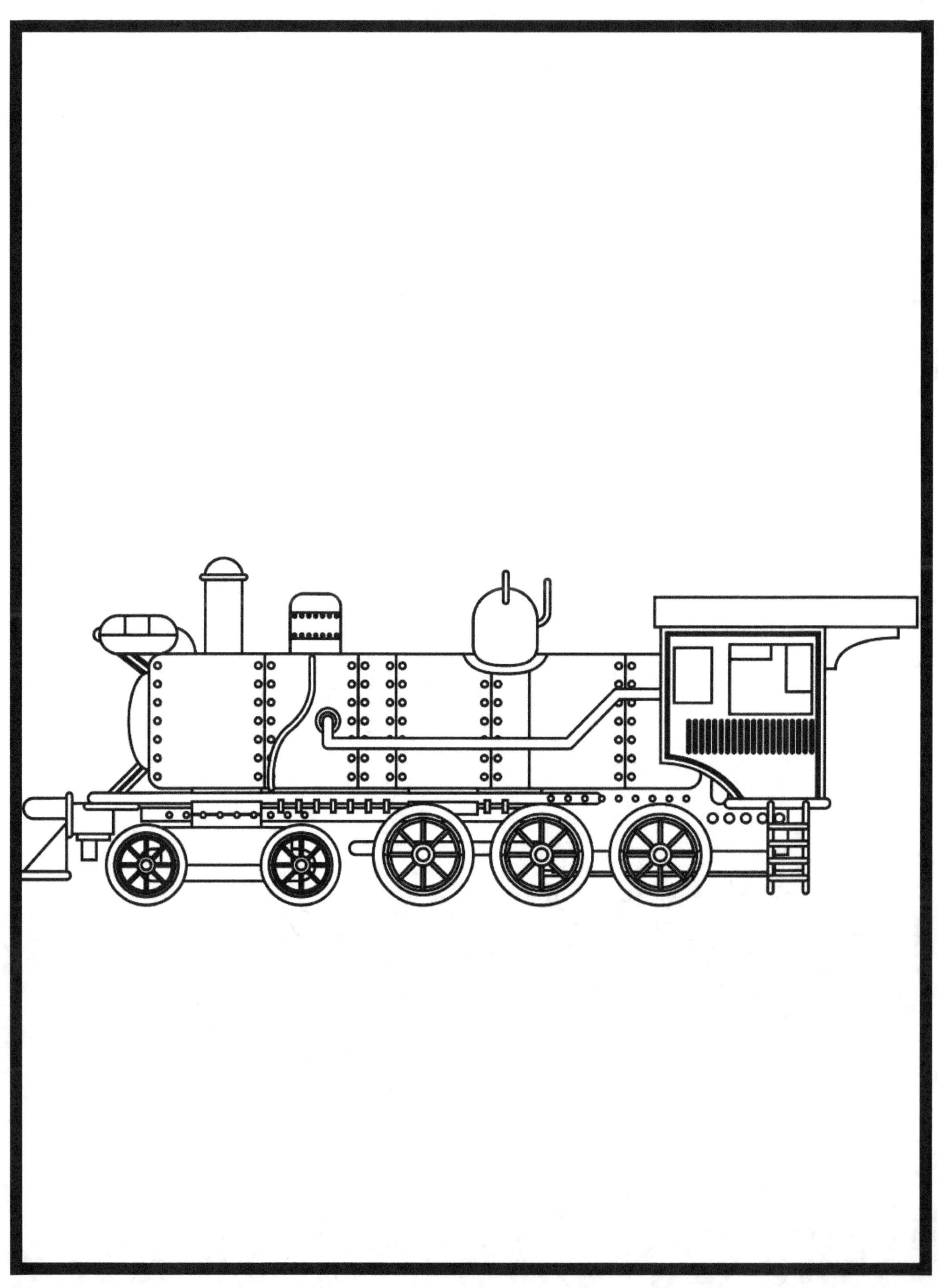

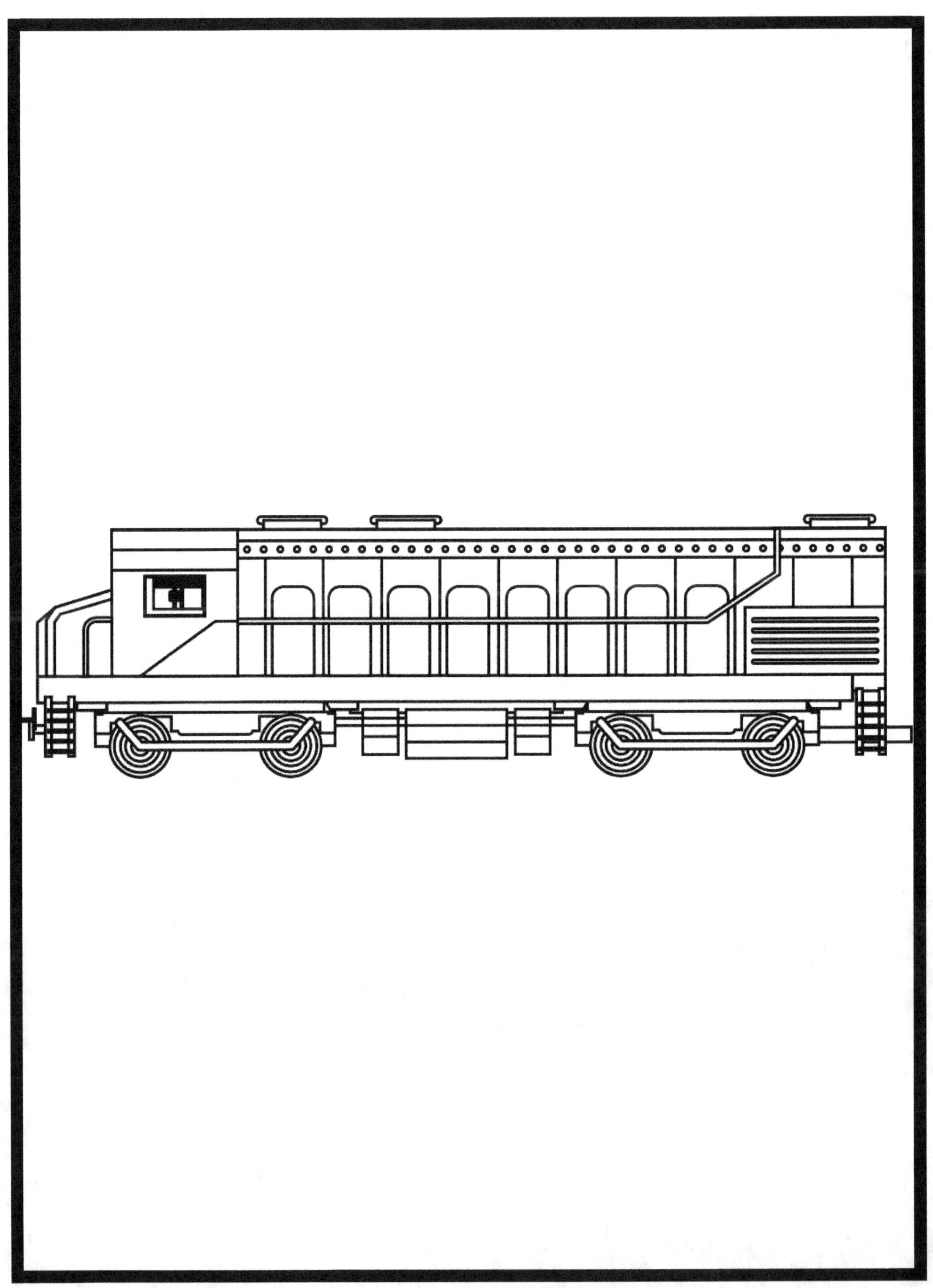

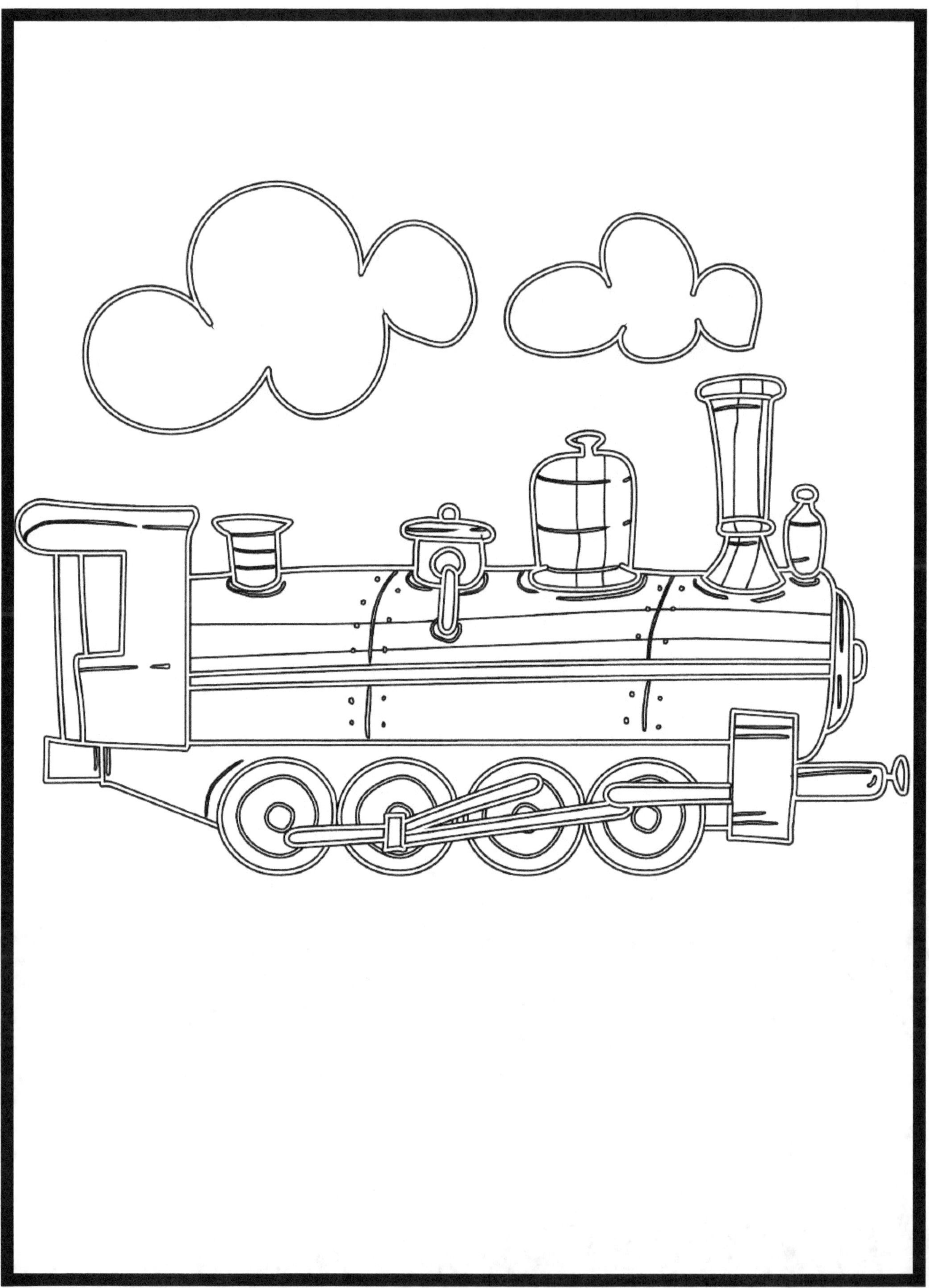

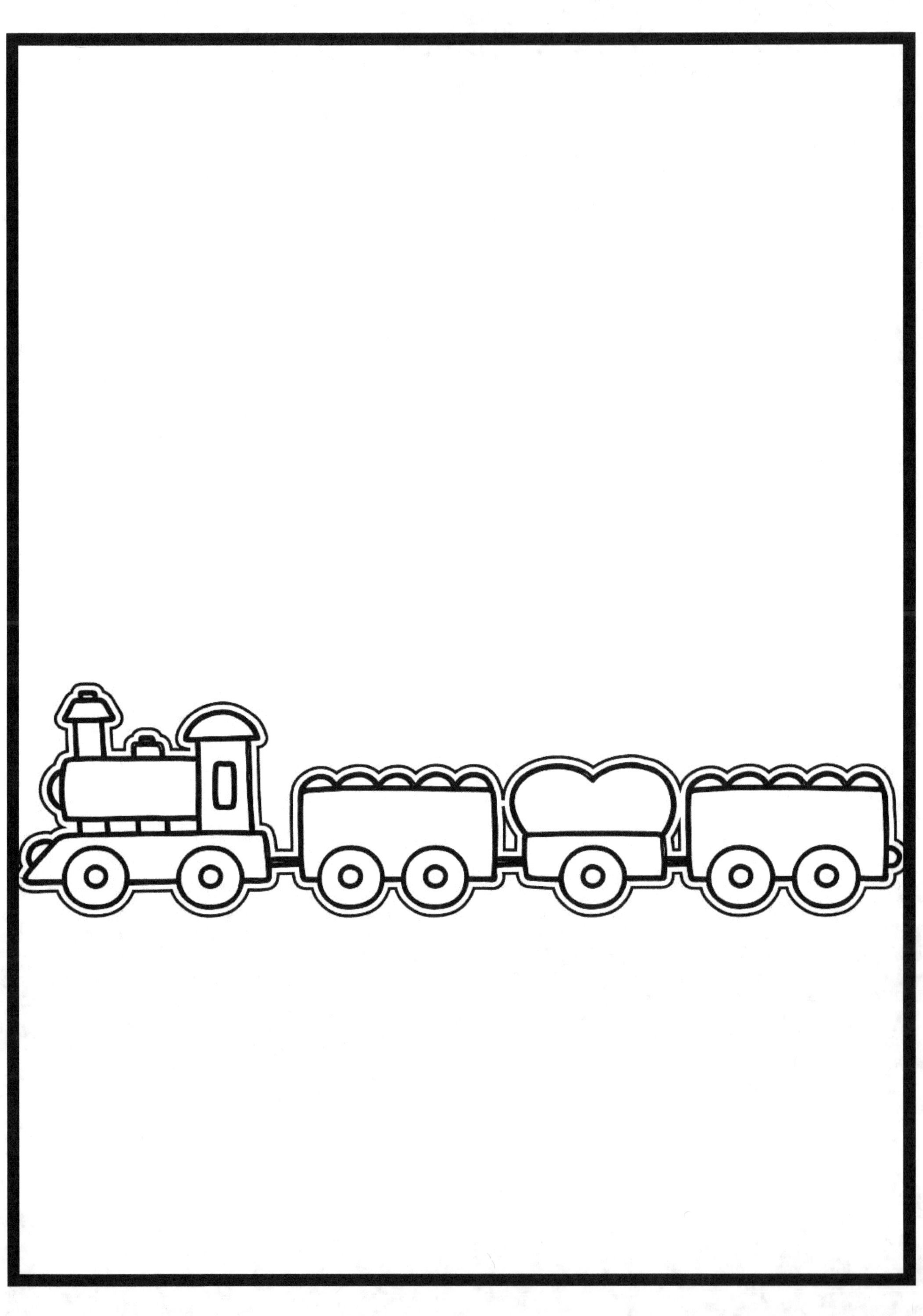

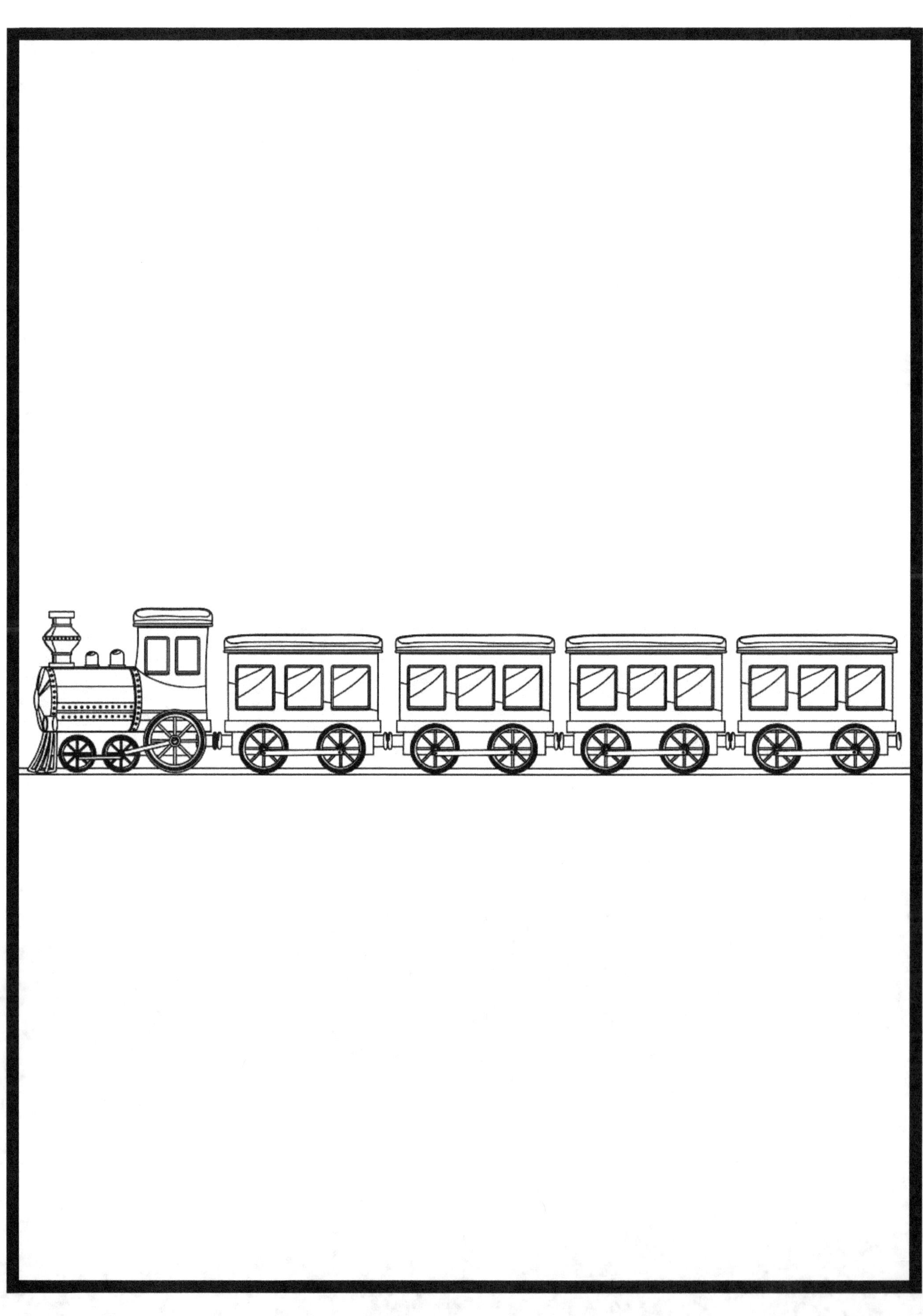

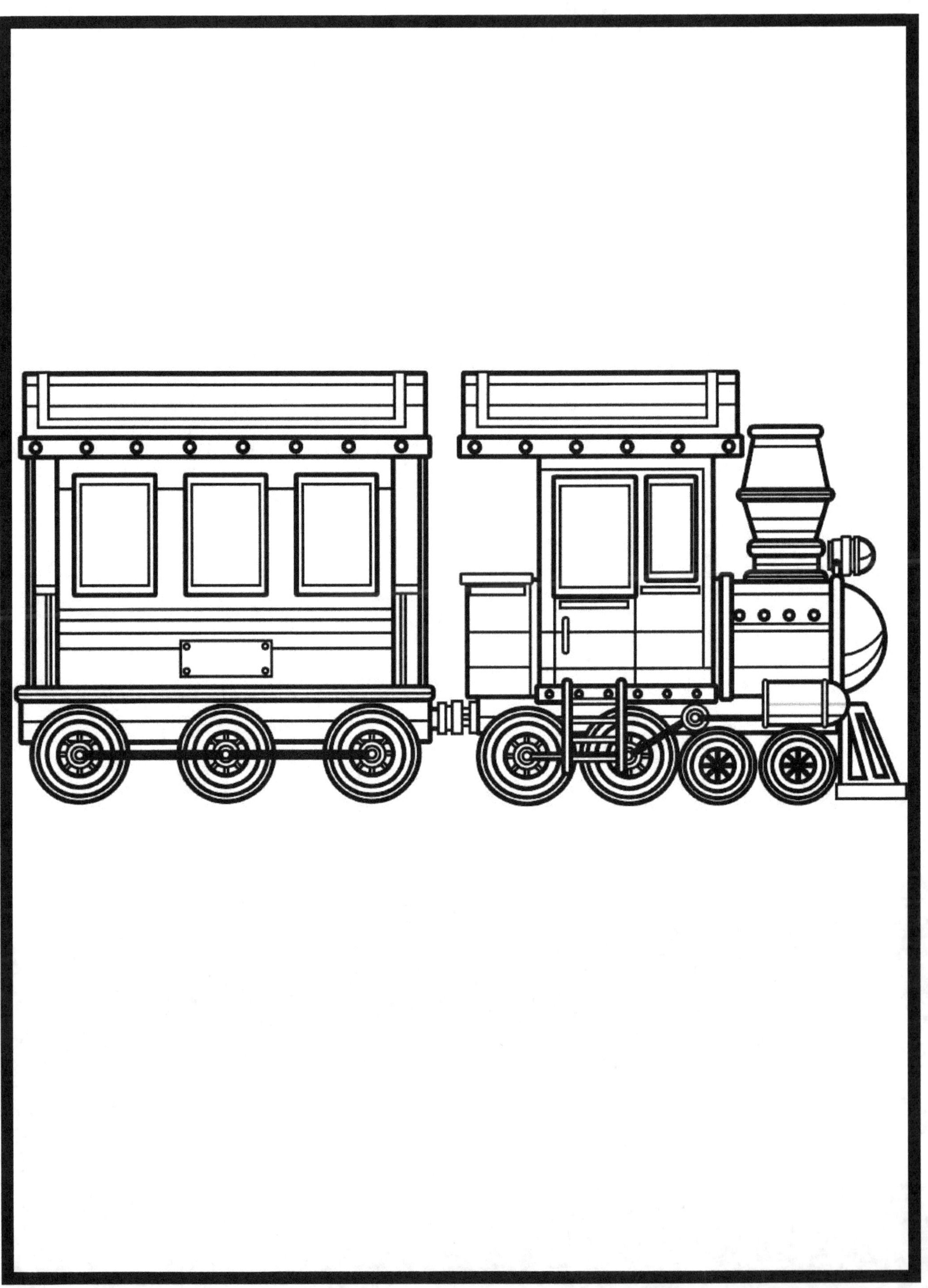

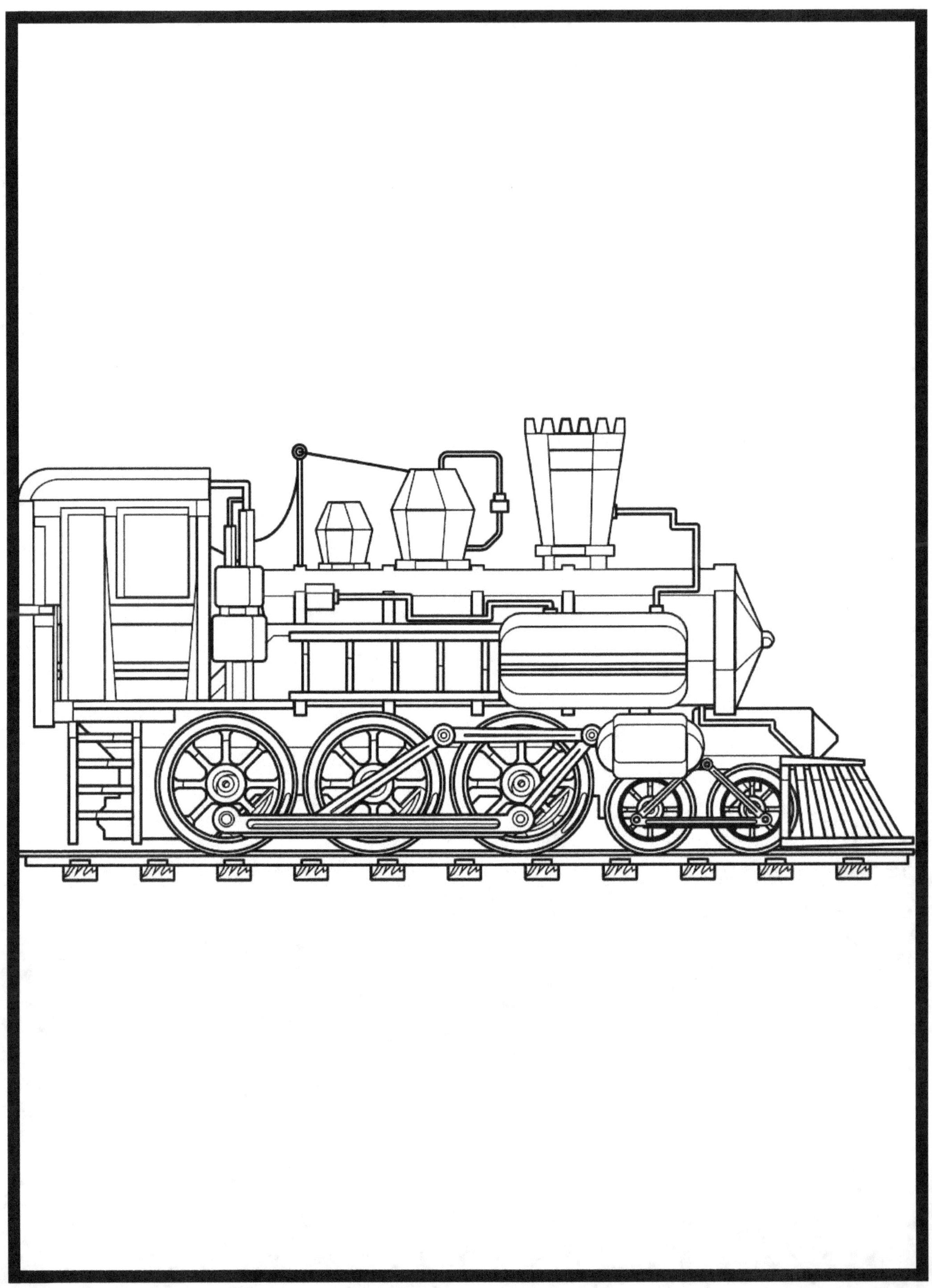

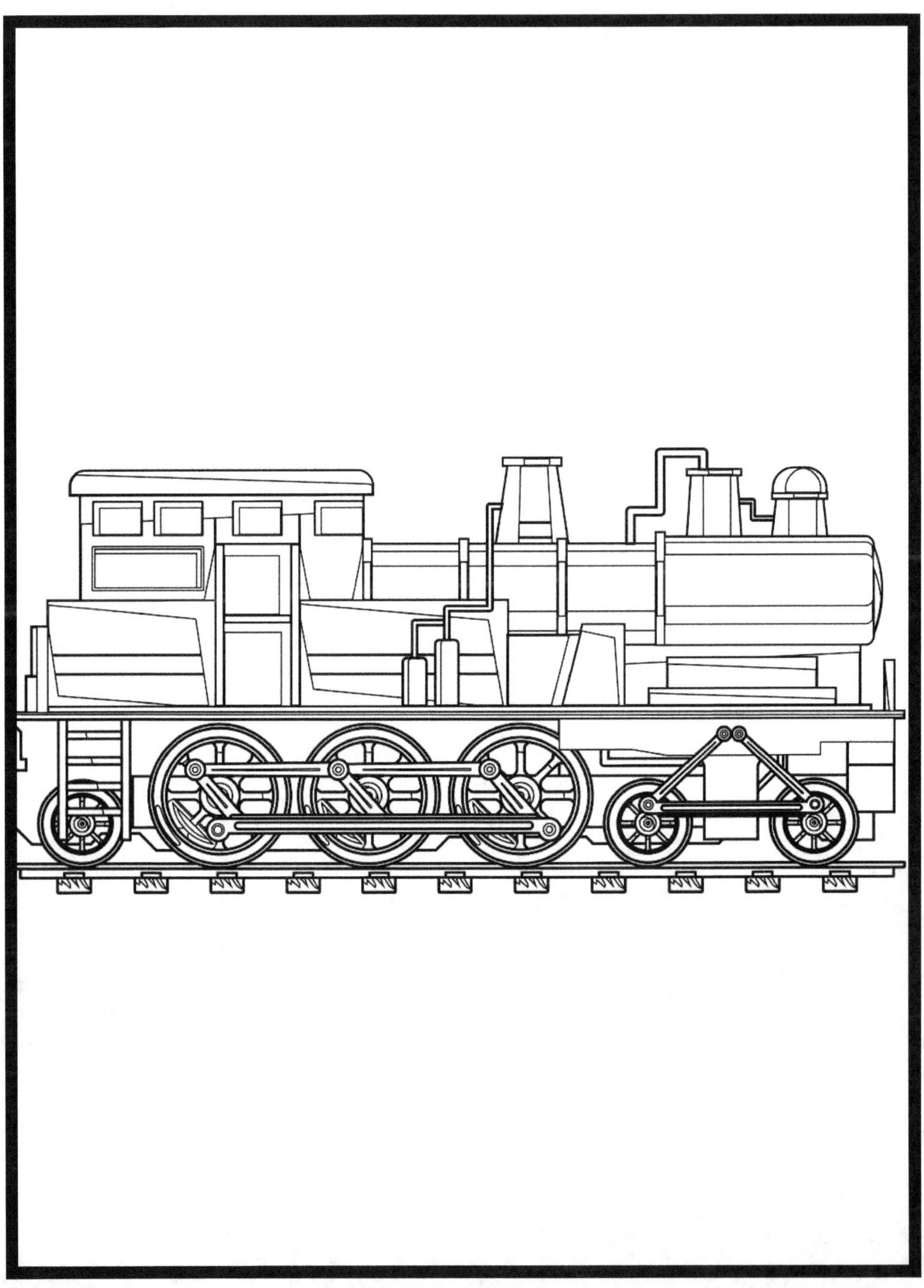

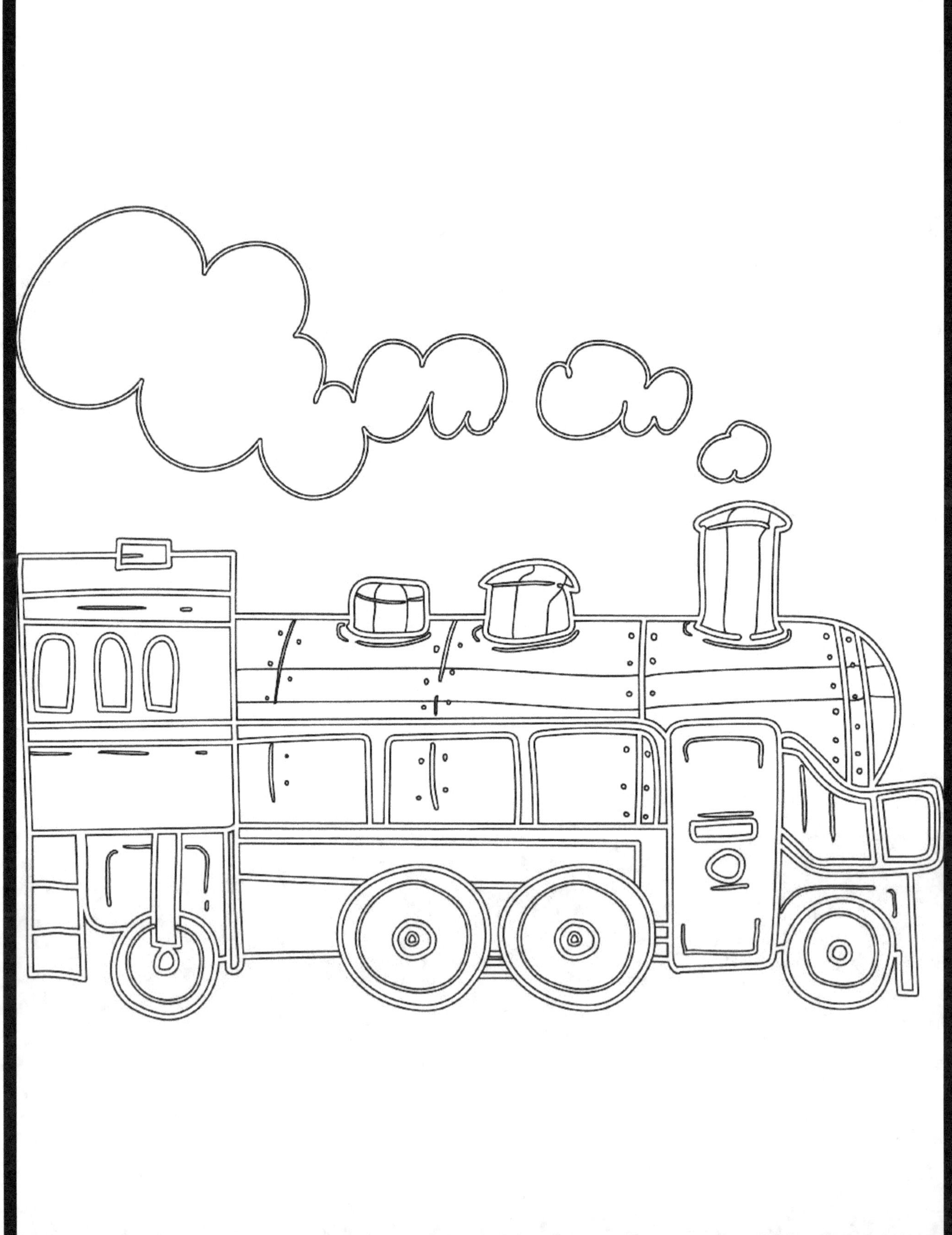

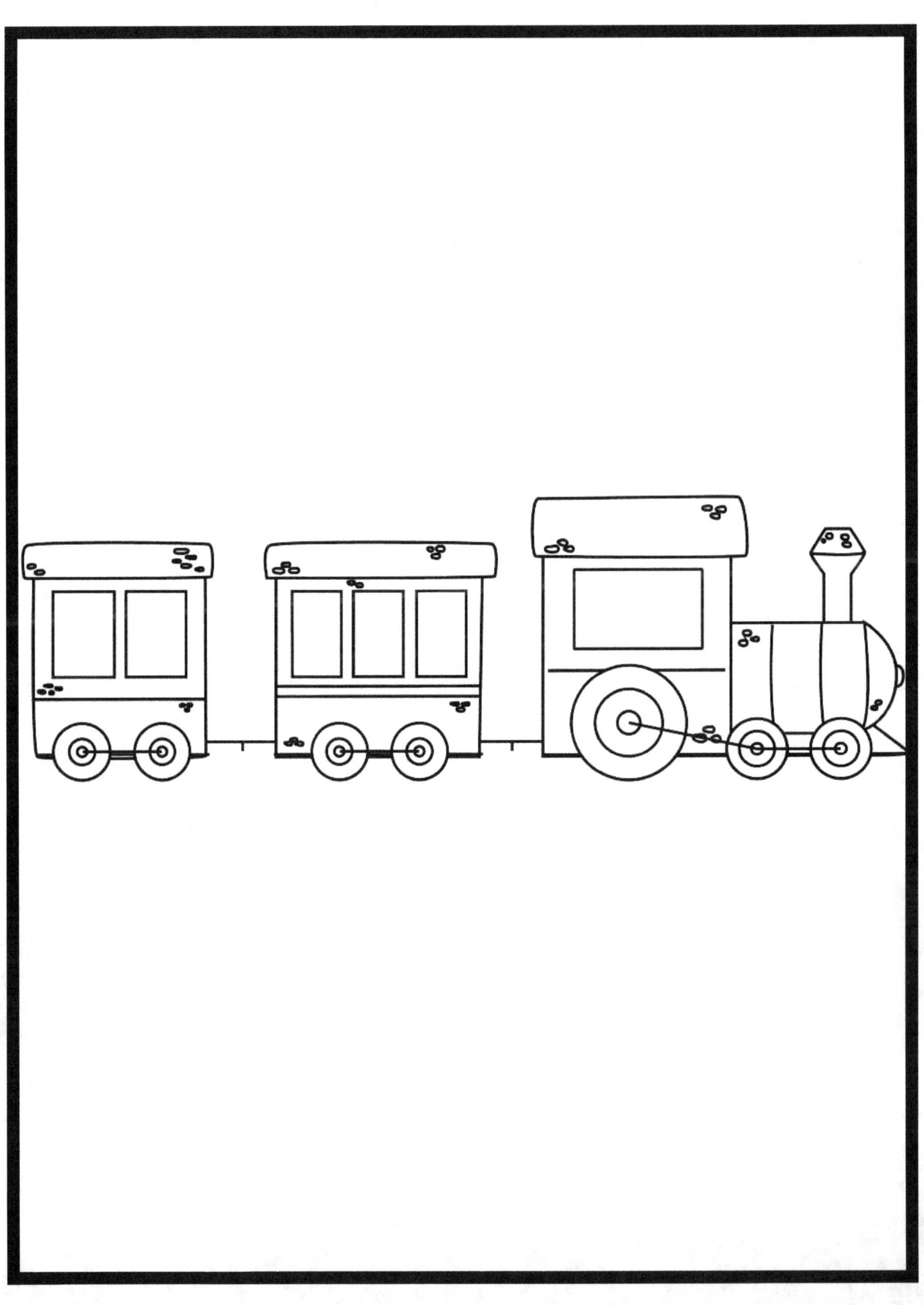

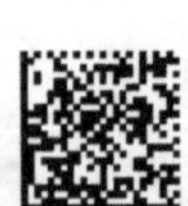

www.ingramcontent.com/pod-product-compliance
Lightning Source LLC
Chambersburg PA
CBHW081352160726
48000CB00010B/3321